영웅의
탄생

| 청소년을 위한 고전 매트릭스 |

영웅의
탄생

고전 속, 시대와 상황이 만들어 낸
영웅의 형상

서울대 인문학연구원 고전매트릭스연구단 지음

혜화동

청소년을 위한 고전 매트릭스를 시작하며

'청소년을 위한 고전 매트릭스'는 서울대학교 인문학연구원 고전 매트릭스연구단이 마련한 고전 교육 콘텐츠의 하나입니다. 고전매트릭스연구단은 중·고등학교 현장에서의 고전 교육용 콘텐츠인 '고전 매트릭스'를 구축하는 과업을 수행하고 있습니다. 고전 매트릭스는 학생들이 고전을 쉽게 접하고 토론, 활용할 수 있도록 동서고금의 다양한 고전을 주제별로 분류, 인용, 해설해 놓은 웹·모바일 기반의 고전 학습 시스템입니다. '청소년을 위한 고전 매트릭스'는 고전 매트릭스와 함께 중·고등학교에서의 고전 교육에 유용한 콘텐츠를 제공하자는 취지에서 기획한 '주제별 고전 다시 읽기' 시리즈입니다.

현재 우리 사회에서는 디지털 대전환이 한창 진행되고 있습니다. 미래의 삶과 사회를 크게 바꿀 에너지 대전환, 바이오 대전환도 늦지 않은 속도로 수행되고 있습니다. 이러한 문명사적 대전환기는 고전에게 위기이자 기회입니다. 정보와 지식의 생성, 유통, 소비가 문자 텍스트보다는 이미지나 영상 텍스트를 중심으로 이루어지고, 글은 읽지만 책을 읽지는 않는, 특히 소설이든 이론서든 간에 장편을 거의 읽지 않는 세태는 고전에 분명 독입니다. 반면 4차 산업혁명의 진전에 따라 평생 고등 학습의 필요성이 증대되고, 지식 기반 사회가 갈수록 심화되는 현실은 고전에는 약이 되고 있습니다. 이미 고등학교나 대학에서 받은 교육이 생애의 마지막 교육인 시대가 거의 흘러갔습니다. 디지털 대전환, 에너지 대전환, 바이오 대전환으로 대변되는 미래 사회를 살아가기 위해서는 제도권의 교육과정이 종료된 후에도 계속적으로 학습을 수행해 가야 합니다. 고등학교나 대학 졸업 후 생계를 꾸려 가는 한편으로 학습을 지속적으로 수행해야 하는 사회가 도래하고 있습니다. 스스로 공부해 갈 수 있는 역량, 곧 '기초 지력'을 함양하는 것이 무엇보다도 필요한 시대가 된 것입니다.

고전 학습에 다시 주의를 기울여야 하는 까닭이 여기에 있습니다. 고전이 다른 모든 지식의 기초이자 근간으로 활용되어 왔던 인류의 역사가 말해 주듯이, 기초 지력을 계발하고 이를 학습을 통해 구비하는 데 고전 학습은 역사를 통해 검증된 가성비 높은 길이기 때문입니다. 따라서 대학은 물론이고 중·고등학교에서 고전 교육이 한층 강화되어야 합니다. '청소년을 위한 고전 매트릭스'는 이러한 새로운 시대적 요청에 부응하는 튼실한 밑바탕이 될 것입니다.

'청소년을 위한 고전 매트릭스'의 첫 시리즈 주제는 영웅입니다. 영웅은 인류 역사 속에 늘 함께해 왔습니다. 태곳적 신화시대부터 첨단 디지털 문명이 펼쳐지는 지금에까지 영웅이 없었던 삶과 사회는 없었다고 해도 과언이 아닙니다. 신화 속 헤라클레스나 아킬레우스, 영화 속 슈퍼맨이나 배트맨 같은 존재만 영웅인 것은 아니기 때문입니다.

꼭 위대한 지도자나 장군, 사상가 등만이 영웅이 될 수 있는 것도 아닙니다. 시민 영웅, 서민 영웅이란 말이 쓰이듯 누구나 영웅이 될 수 있습니다. 어쩌면 우리는 모두 자기 삶의 영웅이라고 할 수도 있습니다. 그래서 영웅은 고전에서 널리 애용됐습니다. 잘 알려진 전형적인 영웅 이야기부터 반反영웅들의 이야기에 이르기까지 고전에는 영웅과 연관된 서사가 참으로 다채로운 모습으로 담겨 있습니다. 덕분에 우리는 고전을 통해 영웅이 탄생되는 다양한 양상을 살펴볼 수 있고, 영웅에 반反하는 흑黑영웅의 서사를, 또 영웅이 아닌 듯 영웅인 비非영웅의 서사를 풍요롭게 접할 수 있습니다. 라이벌이었던, 또 라이벌로 만들어진 영웅들의 흥미진진한 경쟁 이야기도 엿볼 수 있습니다.

이제 이들의 이야기를 '영웅의 탄생', '영웅에 반反하다', '경쟁하는 영웅들'이란 주제로 묶어서 '청소년을 위한 고전 매트릭스'로 내놓습니다. 모쪼록 세 권의 영웅 시리즈가 독자 제현의 영웅 탐사에 알차고 즐거운 놀이터가 되기를 소망해 봅니다.

김월회

서문

'소확행', 작지만 확실한 행복을 추구하는 개인의 시대. 역사에 길이 남을 대업을 완수하겠다며 거창한 꿈을 꾸는 사람이 과연 얼마나 될까? 고전적 의미에서의 영웅은 현실에는 부재하고, 앞으로도 여간해서는 출현할 것 같지 않은 시대이다. 그렇지만 우리 사회는 끊임없이 영웅을 소환하기도 한다. 전쟁에서 나라를 구한 영웅이 블록버스터급 영화로 재탄생하고, 미국의 액션 히어로가 다양한 대중문화 장르에서 각광을 받고 있다. 일상생활에서도 우리는 크고 작은 이슈 속에서 '작은 영웅' 찾기를 즐겨하고, 스포츠 분야에서 제약을 극복하고 뛰어난 성과를 낸 선수들은 영웅의 칭호를 얻는다. 영웅이 불필요하고 불가능하다고 생각하면서도 동시에 '영웅'이 범람하듯 소비되는 오늘이 영웅을 또다시 논하게 된 까닭이다.

과거 사람들이 의협심이나 인정이 더 많았기 때문에 영웅이 쉽게 출현한 것은 아닐 것이다. 영웅이 '탄생'하는 과정은 사실 매우 다양하다. 그리스 로마 신화 속 영웅처럼 신의 능력을 타고 태어나기도 하지만, 대개는 선한 의지를 갖고 타인을 위해 희생하고 사회에 기여

7

한 사람이 영웅으로 기려진다. 이들 다수는 자신을 넘어서려는 노력과 연마를 통해 영웅 됨의 소양을 기른다. 때로는 자기 의지와 무관하게 시대의 요구에 따라 어느 날 갑자기 영웅으로 만들어지기도 한다. 살아생전에는 받아들여지지 않았지만 시간이 지나면서 영웅으로 재탄생하기도 한다. 착한 삶을, 의로운 삶을 살지는 않았지만 그가 처한 여건이나 극적인 삶 때문에 그를 영웅시하기도 한다. 우리가 예찬한 영웅이 자객, 악인, 보통 사람의 형상과 그리 멀리 떨어져 있지 않기도 한다. 자기 한계를 극복하고 세상 문제를 해결한 영웅 이야기의 귀결이 기대와 달리 비극으로 끝나는 때도 많다. 영웅 출현의 배경과 과정을 살펴보니, 영웅은 대단하고 보기 힘든 존재가 아니라 일상에서도 만날 수 있는 친숙한 사람인 예도 적지 않다.

이 책의 필자들은 이와 같은 생각을 가지고 과거의 영웅들을 다시 꺼내 보았다. 동서양 고전 작품에 형상화된 영웅상을 충실히 보여 주면서도 영웅이 시대와 상황의 산물임을 전제하고 영웅이 탄생하는 맥락을 충실히 소개하였다. 동시에 시대의 문제를 해결하는 데 앞장선 사람, 너무 앞섰기 때문에 시대와 불화한 사람, 훌륭하지만 기이한 사람, 탁월하지만 어긋나는 사람 등 다양한 영웅의 형상을 보여 주고자 했다. 특정 시대와 나라에 한정하지 않고 영웅을 가려냈고, 오늘날 영웅을 새롭게 상상하는 데 도움이 될 수 있도록 다양한 고전 작품에서 뽑아왔다. 『사기』, 『춘추좌전』, 『일리아스』, 『오뒷세이아』, 『플루타르코스 영웅전』, 『홍길동전』, 『구운몽』, 『임경업전』, 『전쟁과 평화』,

『베어울프』 등 동서고금의 다양한 고전 속에 등장하는 실제 혹은 가공의 영웅들이 이 책에서 다룬 영웅들이다.

영웅들의 크고 작은 이야기는 전형적이고 진부할 것 같지만, 지금껏 들어본 적 없고 또 우리 기대와 상상을 벗어나는 서사가 훨씬 더 많다. 모쪼록 이 책이 다채로운 영웅 이야기에 흥미를 갖게 되고, 연관된 고전을 찾아 읽게 되는 계기가 되었으면 한다. 무엇보다 영웅은 거창하고 낯선 존재가 아니라 나 자신과 주변 인물들에게서 발견할 수 있는 친숙한 존재임을 확인하는 계기도 되었으면 한다. 이를 통해 미래의 영웅을 고대할 뿐 아니라 우리 안에 이미 와 있고 내 속에 잠재된 영웅을 발견하는 길로 이어지기를 고대한다.

필진을 대표하여 김월회, 김헌, 손애리 씀

차례

1부 영웅, 그 찬란하거나 비극적인!

2부 영웅, 평범하면서도 비범한!

1부

영웅, 그 찬란하거나 비극적인!

1장

조연에서 주연으로
—『아이네이스』의 아이네아스

심정훈

어린 시절에 누구나 한 번쯤은 '빨리 어른이 되고 싶다'고 생각해 보았을 것이다. 어른이 되면 더는 학교에 대한 스트레스도 받지 않고, 마음껏 이성 친구도 사귈 수 있고, 부모님의 간섭으로부터 벗어나 자유로우리라 생각하기 때문이다. 하지만 반대로 어른들은 어린 시절을 그리워한다. 어른이 되어도 이성과의 사랑은 쉽지 않고, 취직도 힘들며 막상 사회생활에서는 꼰대 부장님의 비위도 맞춰야 하기 때문이다. 서로가 서로를 부러워하는 청소년과 어른을 구별 짓는 잣대는 무엇일까? 우리는 만 19세가 넘으면 저절로 어른이 되는 것일까? 물론 특정한 나이가 되면 법적으로 성인이라 인정받고, 그에 따른 자유를 누리게 된다. 하지만 나이가 들었다고 해서 저절로 어른이 되는 것은 아니다. 나이가 들어도 나잇값을 못 할 수도 있다. 결혼해서 자녀를 낳았지만 가족을 전혀 부양하지 않는 가장도 있고, 운전 면허증은 소지했지만 음주운전으로 교통사고를 일으키는 사람도 있다. 이들은 비록 나이상으로는 어른으로 분류되지만 다른 사람들에게 해를 입히는 무책임한 사람들이다. 어른이 되면 어릴 때보다 더 많은 자유가 주어지지만 이에 상응하는 책임 또한 뒤따르기 마련이다. 성숙한 어른은 자신의 자유만을 추구하는 것이 아니라 타인에게도 책임을 다하는 사람이다. 물론 타인에 대한 책임이나 의무는 어른들에게만 요구되는 것은 아닐 것이다. 청소년들도 나름대로 책임과 의무를 지닌다. 그러나 '큰 힘에는 큰 책임이 따른다'는 말처럼 성숙할수록 더 많은 책임의 무게를 지게 된다.

"큰 힘에는 큰 책임이 따른다"라는 말은 영웅들에게도 적용될 수 있다. 비범한 재능과 능력을 소유한 사람이 무책임하게 행동한다면 어떤 일이 벌어지겠는가? 극단적인 예로 몇 년 전에 크게 흥행했던 어벤져스 시리즈의 타노스의 만행을 떠올릴 수 있다. 타노스는 죽음의 여신의 환심을 사기 위해 대량 학살을 자행하는 만행을 저질렀다. 우리는 타노스의 가공할 만한 무력에 경탄을 금치 않지만, 그를 히어로라고 부르지는 않는다. 그는 히어로와 정반대인 빌런, 즉 악당이기 때문이다. 반면에 팔콘처럼 날개 달린 인간에 불과한 캐릭터는 비록 힘은 다른 히어로들에 비해 턱없이 부족하지만 정의감과 충성심이 남달라서 히어로의 반열에 포함된다. 이처럼 우리는 영웅들에게 엄청난 힘과 능력 외에도 충성심과 책임감을 요구한다.

우리는 언제부터 영웅들에게 도덕성을 요구하기 시작했을까? 지금은 너무나도 당연시되기 때문에 모든 시대의 영웅들이 충성심과 책임감이 강한 인물이라고 생각하기 쉽다. 그러나 서양의 영웅들이 항상 어벤져스의 히어로들과 동일한 도덕관을 공유했다고 보기는 어렵다. 이런 사실은 할리우드에서 제작되는 수많은 히어로물의 조상 뻘인 그리스 로마 신화를 살펴보면 분명해진다.

그리스의 영웅상을 찾아서

최초로 문자화된 그리스 로마 신화는 기원전 8세기경에 그리스의 호메로스가 작시한 『일리아스』와 『오뒷세이아』라는 두 서사시였다. 두산백과는 서사시를 "발흥기나 재건기의 민족이나 국가의 웅대한 정신을 신#이나 영웅을 중심으로 하여 읊은 시"라고 정의한다. 이에 따르면 호메로스의 두 서사시는 고대 그리스의 정신을 담고 있다고 볼 수 있다. 대략적인 줄거리를 살펴보면 『일리아스』는 기원전 12세기경에 그리스의 연합군과 트로이아인들 사이에서 벌어졌던 트로이아 전쟁을 소재로 삼고 있으며, 『오뒷세이아』는 트로이아 전쟁에서 승리한 그리스의 영웅 울릭세스(그리스어로는 오뒷세우스)의 고달픈 귀향길을 노래한다. 서구문명의 최초의 문헌이었던 이 두 서사시는 이후 그리스의 문학과 교육 전반에 깊이 스며들었고, 알렉산드로스 대왕은 『일리아스』 사본을 머리맡에 두고 잤다고 전해질 정도로 그리스의 역사에도 지대한 영향력을 미쳤다.

알렉산드로스 대왕의 젊은 가슴을 웅장하게 만든 호메로스의 영웅들은 누구였을까? 우리는 호메로스의 작품들에서 조금은 특이한 영웅들을 발견한다. 『일리아스』의 최고의 전사이자 영웅은 그리스 진영의 아킬레우스였는데, 그는 그리스의 총사령관이었던 아가멤논에게 앙심을 품고 전장을 떠나버린다. 아킬레우스는 전장으로 복귀해 달라는 아가멤논의 간청을 단번에 거절하고 동료들이 살육당하는 광경을 마치 남의 일인 것처럼 수수방관한다. 아킬레우스가 아가멤논에게 불복종했던 이유는 무엇일까? 그 이유는 아가멤논이 자신의 전리품인 브리세이스란 여인을 빼앗아갔기 때문이었다. 물론 애인을 빼앗긴 것은 분통할 만한 일이겠지만 전쟁의 승패가 달린 절박한 상황에서 사사로운 감정에 사로잡혀 고집불통인 그의 모습은 우리가 영웅에게 기대하는 모습에 부합하지 않는다.

『오뒷세이아』의 주인공은 꾀가 많고, 기민한 영웅으로 잘 알려진 울릭세스이다. 10년 동안 난공불락이었던 트로이아를 격파하고 전쟁을 그리스 연합군의 승리로 이끈 것은 아킬레우스의 창이 아닌 울릭세스의 목마 작전이었다. 승리의 일등공신이었던 울릭세스는 트로이아 전쟁 이후 전우들과 함께 귀향길에 오른다. 그러나 10년 동안의 온갖 기괴한 모험 끝에 울릭세스는 홀로 귀국하는 데 성공한다. 그와 함께 트로이아를 떠났던 전우들은 긴 방랑 끝에 전멸해버리고 말았던 것이다. 당시의 최고의 전략가였던 울릭세스가 동료들을 모두 잃어버린 까닭은 무엇일까? 가장 핵심적인 이유는 그가 외눈박이 거인들의 섬에서 바다의 신인 포세이돈의 아들 폴뤼페모스를 우롱했기 때문이다. 꾀가 많은 울릭세스는 폴뤼페모스의 손아귀에서 탈출하는 데는 성공하지만, 폴뤼페모스를 조롱한 오만함 때문에 10년 동안의 고생을 자초하고 전우들을 모두 잃는 비극을 맞게 되었던 것이다.

우리는 아킬레우스와 울릭세스를 통해서 그리스의 영웅상을 적나라하게 볼 수 있다. 호메로스의 영웅들은 남다른 용맹과 총명을 갖췄지만, 공공의 유익보다는 사적인 명예를 더 중시하고 오만한 행동을 서슴지 않았다. 때로는 아집이나 거대 자신감이 극 중의 캐릭터들에게 인간미를 더해 준다. 주인공들이 자기 자신은 전혀 돌아보지 않고 오직 타인만을 위하며 늘 겸손하다면, 귀감은 되겠지만 현실성은 떨어진다. 아킬레우스처럼 토라지기도 하고 울릭세스처럼 주제넘게 잘난 척도 하는 캐릭터들이 작품에 재미를 더해 준다. 그러나 현대적인 감각에서 지나치게 자기중심적인 이들을 영웅으로 부르기에는 다소 무리가 있다. 우리는 영웅들에게 도덕성을 요구하기 때문이다. 그렇다면 그리스 로마 신화에서 도덕적인 영웅은 언제 대두되었을까?

로마의 영웅상을 찾아서

우리는 흔히 그리스와 로마를 하나의 문명으로 엮어 언급하곤 한다. 그러나 엄밀히 말하면 그리스와 로마는 서로 다른 언어를 사용하고 다른 역사를 자랑하는 서로 다른 문명들이다. 로물루스가 기원전 753년에 로마를 세운 것이 사실이라면, 호메로스의 두 서사시는 로마가 아직 건국되지 않았거나 건국 초기 단계에 기록되었다. 로마 문학이 시작한 것은 이로부터 대략 500년 흐른 뒤였다. 시대적으로 그리스보다 후대에 왕성했던 로마가 그리스의 문화와 문학을 상당 부분 답습한 것은 사실이다. 그러나 둘 사이에는 차이점도 발견된다. 그중 하나는 각각을 대표하는 서사시에서 드러나는 영웅상이다. 한 문명의 고유한 정신이 서사시의 영웅에 고스란히 담기기 때문에 그리스와 로마 서사시의 영웅들을 비교해 보는 것은 유의미할 것이다.

호메로스의 『일리아스』와 『오뒷세이아』가 그리스를 대표하는 서사시라면 로마를 대표하는 서사시는 기원전 1세기에 베르길리우스가 저술한 『아이네이스』이다. 『아이네이스』는 호메로스의 두 서사시와 마찬가지로 트로이아 전쟁을 배경으로 한다. 작품명에서 알 수 있듯이 주인공은 아이네아스인데, 그는 『일리아스』에서 트로이아의 왕자로 등장했던 인물이었다. 『아이네이스』는 트로이아가 그리스인들에게 함락당하자 아이네아스가 새로운 트로이아를 건국하기 위해 트로이아의 생존자들을 이끌고 지중해를 배회하다가 결국 로마에 제2의 트로이아를 건국하는 과정을 그리는 로마의 건국 서사시에 해당한다.

『아이네이스』는 『일리아스』와 『오뒷세이아』를 적절히 배합한 인상을 남긴다. 주인공 아이네아스는 두 번째 고향을 찾아 울릭세스처럼 지중해를 헤맸고, 트로이아의 전장을 주름잡았던 아킬레우스처럼 로마의 전장을 누볐다. 이렇듯 아킬레우스와 울릭세스를 적절히 혼합한 듯한 아이네아스에게 베르길리우스는 특이한 수식어를 붙여 준다. 『아이네이스』에서 아이네아스를 대표하는 수식어는 '피우스 pius'

이다. '피우스'란 형용사는 종교, 가족, 그리고 사회적 책임에 충실하다는 의미가 있는 라틴어이다. 베르길리우스는 아이네아스의 용맹함이나 뛰어난 능력보다도 신들의 뜻과 자신의 운명에 순응하고, 온갖 고난을 감수하면서까지 사회적인 책임을 떠맡는 충성심을 강조한다. 우리는 이런 아이네아스의 모습에서 개인적인 명예를 추구했던 아킬레우스나 울릭세스와 달리 공동체를 우선시하는 도덕적인 영웅을 발견한다. 아이네아스에게 '피우스'란 별명이 붙은 이유를 조명해 보자.

아이네아스는 『일리아스』에서 처음 등장한다. 그는 트로이아 진영의 최고의 전사였던 헥토르에 버금가는 장군으로 소개되며, 사랑의 여신 베누스(비너스로 더 잘 알려진 그리스의 아프로디테)와 트로이아 왕가의 앙키세스 사이에서 태어난 금수저 집안 출신이었다. 그럼에도 불구하고 그는 『일리아스』에서 이렇다 할 만한 업적을 남기지 못했다. 아이네아스는 『일리아스』 5권에서 그리스의 젊은 장군인 디오메데스와 대결하지만 디오메데스가 던진 바위에 맞아 죽을 위기에 처한다. 그는 어머니 베누스의 팔에 안겨 간신히 목숨을 구한다. 『일리아스』 20권에서 그는 그리스의 최고의 전사인 아킬레우스에게 도전장을 던진다. 그러나 이번에도 패배하고 바다의 신 넵투누스(그리스의 포세이돈)의 도움으로 간신히 목숨만 건진다. 『일리아스』에서 아이네아스는 그리스의 다른 영웅들과 마찬가지로 자신의 명예를 위해 싸우지만 번번이 패배를 맛보는 조연에 불과했다.

여기서 우리는 질문을 던질 수 있다. 『일리아스』에서 등장하는 수많은 영웅 중에서 베르길리우스가 전혀 영웅답지 않은 아이네아스를 로마의 건국 서사시의 주연으로 삼은 이유는 무엇일까? 군이 실패한 영웅을 국부로 추앙하는 것은 앞뒤가 맞지 않아 보인다. 하지만 이에 대한 단서는 넵투누스가 아이네아스를 아킬레스로부터 구원하면서 다른 신들에게 던진 말에서 찾을 수 있다. 넵투누스는 자신이 인간들의 전투에 개입해 아이네아스를 구원한 것을 다음과 같이 정당화한다.

> 그러나 어째서 드넓은 하늘을 쥐고 계신 신들에게 언제나 흡족한 선물을 바치는 이 자(아이네아스)는 죄가 없음에도 불구하고 다른 사람들 때문에 근심하면서 공연히 고통을 당하는가? 아킬레우스가 그를 죽임으로 인해 크로노스의 아들이 분노하지 않도록 우리가 가서 그를 죽음으로부터 끌어내도록 하자. 그는 크로노스의 아들이 여인들로부터 태어난 모든 자녀 중에서 가장 사랑했던 다르다노스의 가문이 씨가 끊겨 흔적도 없이 파멸하지 않도록 하기 위해 살아남을 운명이네. 크로노스의 아들이 이미 프리아모스의 가문을 증오하고 있으니, 이제 아이네아스의 힘과 이후에 태어날 그의 자녀들의 자녀들이 트로이아인들을 다스리게 될 것이네.

아이네아스는 신들에게 충성을 다했고, 그로 인해 신들의 호감을 샀다. 그는 특히 크로노스의 아들인 유피테르(그리스의 제우스)의 특별한 관심을 받아 당시 트로이아인들의 왕이었던 프리아모스를 이어서 장차 트로이아인들을 다스리게 될 것이었다. 베르길리우스는 아이네아스에 대한 이런 예언을 토대로 『일리아스』에서 조연에 불과했던 그를 『아이네이스』의 주연으로 재탄생시켰던 것이다. 아이네아스가 그리스의 영웅에서 로마의 영웅으로 재탄생하는 과정을 살펴보자.

『아이네이스』는 지중해를 항해하던 아이네아스와 그의 일행이 폭풍 속으로 빠져드는 장면으로 시작한다. 이 폭풍은 트로이아인들을 탐탁잖게 생각했던 유노(그리스의 헤라) 여신의 소행이었다. 간신히 생존한 아이네아스와 그의 일행은 북아프리카의 해안가에 도착해 거기서 새로운 도시를 세우고 있던 디도 여왕 앞에 다다른다. 아이네아스는 그에게 깊은 관심을 보인 디도 여왕의 요청에 트로이아의 함락 과정과 그동안의 긴 여정 이야기를 일러준다.

트로이아인들은 그리스인들이 퇴각하면서 해안에 남겨둔 목마를 발견하는데, 이것이 그 유명한 트로이아 목마였다. 트로이아인들은 10년 동안 지속하였던 지긋지긋한 전쟁이 비로소 종결되었다고 자축하면서 성 안으로 목마를 들인다. 밤이 이르자 목마에 잠복하고 있던 그리스 병사들이 뛰쳐나와 성 밖에 대기 중이던 동료들에게 성문을 열어 트로이아를 불태우며 약탈하기 시작한다. 화염에 휩싸여 아수라장으로 변해버린 트로이아 한복판에 아이네아스가 서 있다. 아연실색하기도 잠시, 그는 당시의 여느 영웅처럼 무장한 채 트로이아와 운명을 같이하기로 한다. 몰려드는 적군들 앞에서 옆을 지키던 동료들이 하나씩 죽어 나가기 시작했고, 트로이아의 왕인 프리아모스도 칼에 맞아 전사한다. 망연자실한 아이네아스는 트로이 전쟁의 원흉이었던 헬레네를 죽여 복수키로 하고 달려나가지만, 그의 어머니가 그를 가로막는다. 베누스 여신은 트로이아가 헬레네 때문이 아니라 신들의 뜻 때문에 멸망한 것이라고 일러주면서 아이네아스에게 집으로 돌아가서 가족을 챙겨 달아나라고 타이른다.

영웅이라면 이런 상황 속에서 어떻게 대처해야 했을까? 위험에 처한 가족을 보살피는 것은 매우 중요한 일이다. 그러나 한 나라의 장군이라면 끝까지 조국을 수호하다가 전사하는 것도 명예로운 죽음일 것이다. 아이네아스는 "패배한 사람들에게 유일한 구원은 구원을 바라지 않는 것"이라는 필사적인 각오로 무장한 채 전투에 임했다. 사실 당시의 영웅이라면 누구나 그와 동일한 마음을 품었을 것이다. 그러나 여기서 아이네아스는 특이한 결단을 내린다. 어머니를 통해 신들의 뜻을 알게 된 그는 스스로 운명을 좌지우지하려 발버둥 치는 대신 신들의 뜻에 순복해 트로이아로부터 도주했던 것이다. 어쩌면 그의 선택은 비겁한 선택이었을지도 모른다. 진정한 영웅이라면 하늘의 뜻에 굴복하는 대신 스스로 운명을 개척해 나가야 하지 않을까? 초인적인 힘으로 조국을 구해내거나 적어도 구하려고 노력하다 전사하는 것이 영웅에 부합하지 않을까? 그럴지도 모른다. 하지만 베르길리우스가 고안해 낸 영웅은 자기 멋대로 사는 사람이 아니라 신들에게 충성하는 '피우스'한 존재였다. 그는 비록 신들이 정한 운명이 마음에 들지 않더라도 자신의 고집을 내려놓을 줄 아는 사람이었다. 우리는 아이네아스가 겸비한 자세에서 호메로스의 영웅들과는 사뭇 다른 로마의 영웅상을 발견하게 된다.

아이네아스는 단지 개인적인 죽음을 면하기 위해 트로이아를 떠난 것은 아니었다. 넵투누스의 예언처럼 그는 새로운 트로이아를 건설해 트로이아인들의 새로운 왕으로 등극해야만 했다. 트로이아의 망명자들과 함께 바다로 도주한 그는 제2의 트로이아를 찾아 지중해 곳곳을 헤맨다. 크레타섬에서 역병을 경험했고, 스토로파데스섬에서는 날개 달린 괴물인 하르퓌들에게 시달렸다. 울릭세스의 동료들을 돼지로 변신시킨 키르케의 섬과, 동굴에 숨어 있다가 지나가는 선원들을 낚아채는 여섯 개의 머리를 가진 스퀼라와 배를 삼키는 소용돌이인 카륍디스, 그리고 울릭세스의 전우들을 잡아먹은 외눈박이 거인의 섬을 지나쳐야만 했다. 온갖 난관 끝에 결국 파선하게 된 아이네아스의 일행은 디도 여왕의 호의를 사 그녀가 새로 건설하던 도시인 카르타고에 머물게 된다. 아이네아스를 사모했던 디도 여왕은 그에게 자신과 함께 정착할 것을 권유하고, 아이네아스도 처음에는 이 제안을 받아들이는 것처럼 보인다. 10년 동안의 전쟁과 7년 동안의 고달픈 여정으로 심신이 지쳤기에 이미 완성을 앞둔 카르타고에 정착하라는 그녀의 말은 달콤한 유혹으로 다가왔을 것이다. 그러나 아이네아스는 결국 그녀를 배신하고 매몰차게 이탈리아로 떠나버린다. 그의 배신에 상심한 디도는 그를 저주하면서 자살을 선택한다. 아이네아스가 디도의 은혜를 원수로 갚고 그토록 이탈리아에 집착한 이유는 무엇일까?

사실 아이네아스는 개인적으로는 이탈리아로 떠나기를 원하지 않았다. 그는 오히려 디도의 환심을 사기 위해 카르타고의 초석을 놓고 도시를 세우는 데 여념이 없었다. 이런 그를 신들의 전령인 메르쿠리우스(그리스의 헤르메스)가 찾아온다. 디도의 땅에서 지체하는 아이네아스를 나무라고 그의 임무를 상기시키기 위해서 유피테르의 보냄을 받은 메르쿠리우스는 아이네아스가 이탈리아에서 장차 세계를 호령하게 될 새로운 트로이아를 건국할 운명을 타고 태어났음을 일깨워 준다. 신들의 경고와 명령에 충격을 받은 아이네아스는 감미로웠던 카르타고를 떠나기로 결단한다. 이는 그를 사랑했던 디도 여왕을 배신하는 것을 내포했다. 개인적인 행복 대신 수많은 트로이아인의 행복을 추구했던 아이네아스는 사랑을 포기하고 조국의 안녕을 선택했다.

아이네아스는 칼 위에 쓰러져 자결한 디도를 뒤로한 채 자신의 운명을 확인하기 위해 저승 여행을 감행한다. 저승의 통로인 스튁스강을 건너고, 지옥을 수호하는 케르베루스와 수많은 혼백을 지나쳐 환희의 들판인 엘뤼시움에 도달한 그는 거기서 아버지인 앙키세스를 발견한다. 앙키세스는 위험을 무릅쓰고 저승까지 그를 찾아온 충성된 아들에게 아이네아스의 운명과 그로 인해 1200여 년에 걸쳐 펼쳐질 로마의 미래를 보여 준다. 아이네아스 자신은 이탈리아에서 3년밖에 통치하지 못할 것이지만, 그가 쌓은 업적 위에 "권력으로 민족들을 통치하고, 평화의 관습을 제정하고, 정복당한 자들은 용서하지만 거만한 자들은 진압해버리는" 영광스러운 로마가 세워질 것이었다. 아이네아스가 자신의 운명을 따라 로마에 새로운 트로이아를 건설했던 이유는 단지 사적인 영광을 누리기 위함도 아니었고, 그의 아들 아스카니우스나 자신을 따라나선 트로이아인들의 안녕을 위함도 아니었다. 그것은 장차 수천 년 동안 이어질 영광스러운 로마의 초석을 놓기 위함이었다. 아이네아스가 눈앞의 어려움을 감내하고, 자신의 운명을 받아들인 이유는 자신의 업적으로 인해 눈앞에 보이지 않는 후손들의 찬란한 장래를 내다보았기 때문일 것이다.

시대적 요구가 만든 새로운 영웅

호메로스의 영웅들과 동시대 인물이었으나 『일리아스』에서는 조연에 불과했던 아이네아스는 베르길리우스의 눈에 띄어 로마 건국 서사시인 『아이네이스』의 주연으로 발탁되었다. 아이네아스는 아킬레우스나 울릭세스보다 뛰어난 영웅이었을까? 호메로스와 베르길리우스의 상이한 영웅상은 각자의 시대를 반영한다고 볼 수 있다. 호메로스의 서사시는 당시의 귀족사회의 가치관을 반영한다. 여기에는 영웅 개개인의 명예에 초점이 맞춰진다. 반면에 베르길리우스가 저술했던 시기는 아우구스투스가 로마 공화정 말기의 기나긴 내전에 종지부를 찍고 지중해의 패권을 장악한 시대였다. 방대한 로마 제국의 개막과 함께 새로운 영웅상이 요구되었다. 사사로운 명예욕에 사로잡혀 대의명분을 망각한 영웅은 새로운 시대에 부적합했다. 베르길리우스의 시대에는 개인적인 영웅이 아닌 국가적인 영웅이 필요했다. 국가적인 영웅이란 아이네아스처럼 국가의 이익을 위해 개인의 이익을 희생할 수 있는 이상적인 지도자였다. 이러한 시대적 요구가 영웅의 도덕성을 한층 부각해 아이네아스와 같은 새로운 영웅상을 만들어 낸 것이었다.

오늘날 우리의 시대가 요구하는 영웅은 누구일까? 각종 스포츠 스타들이나 연예인들처럼 대한민국의 위상을 드높이는 슈퍼 히어로들도 있다. 하지만 우리 주위에서 흔히 볼 수 있는 밤늦게까지 도서관에서 공부하는 학생들이나, 가족을 위해 고군분투하는 회사원처럼 소소한 일상 중에서 자신의 책임을 다하는 각 개인도 우리 시대가 필요로 하는 작은 히어로들일 것이다.

2장

신과 인간의 사이에서 선 그리스의 영웅
—『일리아스』의 아킬레우스

김유석

'영웅' 하면 떠오르는 것들

우리는 '영웅' 하면 무엇을 떠올릴까? 가장 먼저 할리우드의 영화나 디즈니 애니메이션 속 주인공들을 떠올릴 것이다. 전쟁이나 역사적 사건들 속에서 위대한 업적을 이룬 위인들 역시 '영웅'이라고 생각할 것이다. 또한 작게는 (결코 사소하다는 의미가 아니다!) 우리 주변의 삶 속에서 타인을 위해 헌신하는 사람들에 대해서도 기꺼이 그들을 '영웅'이라 부를 수 있다. 이렇듯 우리가 신화 속 인물들, 역사적 위인들, 그리고 일상의 사람들을 '영웅'이라 부를 때, 이 말에서는 몇 가지 공통적인 인상들이 나타난다. 그것들은 온갖 역경과 고난, 고난에 맞서려는 의지와 노력, 노력을 떠받치는 놀라운 힘과 지혜, 그리고 이 모든 것들을 통해 구현되는 정의 같은 것들이다. 우리가 영웅의 업적을 찬양하고, 영웅의 능력을 선망하며, 아이들에게 영웅의 품격에 관해 이야기해 주려는 이유는 바로 영웅에 대한 이러한 인상들 때문일 것이다.

국립국어원의 『표준국어대사전』에 수록된 '영웅'의 정의 역시 이러한 인상에 잘 부합한다. 사전에서는 영웅을 '지혜와 재능이 뛰어나고 용맹하여 보통 사람이 하기 어려운 일을 해내는 사람'이라고 정의하고 있다. 이에 따르면 영웅은 일반인들보다 뛰어난 사람이다. 또한 뛰어남의 내용인 지혜, 재능, 용맹함은 보통 사람들이 높이 평가하며 갖고 싶어 하는 것들이다. 결국 영웅은 우월한 자이다. 그것도 보통 사람들을 월등히 뛰어넘는 수준의 능력을 지닌 이들이다. 그런데 영웅에 대한 우리의 인상들과 달리, 사전에는 언급되지 않은 부분이 있다. 그것은 타인을 위한 헌신이나 정의와 같이 도덕적인 내용이다. 압도적인 힘과 지혜를 가지고서 일반인은 상상할 수도 없는 일들을 해내긴하지만, 사실은 별로 정의롭지도 않으며, 타인을 위하기보다는 자신의 욕구를 실현하기 위해 폭주하는 사람을 상상해 보면 어떨까? 어떤 면에서는 경이로울 수도 있겠지만, 달리 생각해 보면 상상하기 두려울 정도로 끔찍한 모습일 수도 있다. 그런데 이것들은 바로 그리스 신화를 소재로 한 서사시와 비극 속 영웅들의 본래 모습이기도 하다.

우리가 '영웅'이라고 옮기는 영어 단어 '히어로hero'는 그리스어 '헤로스hērōs'에서 온 말이다. 다른 문명권의 신화들과 달리, 그리스의 신화 속에는 유별날 정도로 많은 영웅이 등장한다. 메두사의 목을 자른 페르세우스, 지중해 최강의 영웅 헤라클레스, 미궁에 들어가 미노타우로스를 죽인 테세우스, 그리고 트로이아 전쟁의 영웅인 아킬레우스와 오뒷세우스 등, 다양한 인간 영웅들이 신들이 주인공이어야 할 신화의 수많은 일화 속에 한 자리를 차지하고 있는 것이다. 영웅들은 신들과 함께 놀라운 모험을 떠나거나 무시무시한 전쟁을 치르기도 한다. 그런데 이때 이들의 활동은 결코 정의롭거나 선하지 않다. 오히려 영웅들은 자신의 욕망에 충실할 뿐이며, 원하는 것을 얻기 위해 이기적이고 잔혹하며, 때로는 부도덕한 모습을 보이기까지 한다. 그래서 철학자 플라톤은 이상적인 국가에서는 시인들이 아이들에게 신화를 가르칠 때 부도덕한 내용이 전달되지 않도록 주의해야 하며, 이를 지키지 못하면 시인들을 추방할 수도 있다고 경고하기도 한다. 그리스의 영웅들이 도덕적인 선과 정의의 대변자가 아니었다고 한다면, 신화 속 영웅들의 존재 이유는 무엇이었을까? 달리 말해 그리스의 시인들이 영웅들의 행적을 노래하면서 보여 주려 했고, 또 청중들이 그들의 노래를 통해 듣고 싶어 했던 것은 무엇이었을까?

그리스 신화 속 영웅들: 능력과 한계

영웅들은 보통의 인간들보다 힘과 지혜에 있어서 월등히 뛰어나다. 그런데 이러한 우월함은 영웅의 태생적인 차이에서 비롯된다. 왜냐하면 대부분의 영웅은 부모 중 한쪽이 신이기 때문이다. 예컨대 페르세우스와 헤라클레스의 아버지는 제우스이고, 테세우스의 아버지는 포세이돈이며, 아킬레우스의 어머니는 바다의 여신 테티스이다. 또한 오뒷세우스 역시 조상들 가운데 헤르메스의 피가 섞여 있다고 전해진다. 혈통을 중요하게 생각했던 고대 그리스인들의 사고방식으로 보자면, 신의 피가 섞여 있다는 것은 우월함의 근거가 된다. 신의 피를 나눠 받았다는 점에서 영웅은 인간보다 신에 가까운 자들이 되며, 사람들은 이들을 반신半神, demigod이라고 부르기도 했다. 예컨대 헤라클레스는 모험 도중에 강의 흐름을 바꿔놓을 정도로 그 힘에 있어서 신들에 버금가며, 황금 양피를 찾아 세상의 동쪽 끝으로 모험을 떠난 아르고호의 영웅 중에는 새처럼 하늘을 나는 특수한 능력을 지닌 인물도 나온다. 그러나 한 가지 간과하지 말아야 할 중요한 특징이 있다. 그것은 영웅들이 아무리 강하고 뛰어난 능력을 갖고 있다 하더라도, 이들은 결국 인간이라는 사실이다.

영웅이 인간이라는 사실은 그의 능력과 현실 사이에서 참을 수 없는 괴리감을 발생시킨다. 왜냐하면 영웅은 그 능력에서는 불사신과 닮아 있지만, 인간으로서 죽음을 피할 수는 없기 때문이다. 영웅이 죽을 수밖에 없는 것은 부모 가운데 한쪽이 인간이어서 인간의 피가 섞여 있기 때문이다. 그리스인들이 생각하기에 신의 피가 섞여 있다는 사실은 신과 영웅의 능력에 있어서 양적인 차이를 발생시킨다. 그리고 이 차이는 양적이기에 얼마든지 좁혀질 수 있다. 앞서 언급했듯이 헤라클레스는 신에 버금갈 정도로 강력하다. 반면에 인간의 피가 섞여 있다는 사실은 신과 영웅의 운명 사이에 질적인 차이를 발생시킨다. 인간의 피가 단 한 방울이라도 섞여 있는 한, 영웅은 어디까지나 인간일 뿐 결코 신이 될 수 없다. 그리고 인간으로 태어난 이상 영웅은 죽음의 운명을 벗어날 수 없다. 어찌 보면 영웅이 신에 가까우면 가까울수록, 죽을 수밖에 없다는 운명은 보통 사람들에 비해 더욱 아프고 비극적인 것으로서 다가온다고 할 수 있다. 반면에 이 운명은 영웅들이 벌이는 활동과 모험의 근본적인 동기 내지는 원인이 되기도 한다. 즉 모든 영웅이 벌이는 모험의 바탕에는 삶의 유한성을 벗어나려는 시도가, 다시 말해 신과 인간의 질적인 차이를 넘어서려는 몸부림이 들어있다는 것이다. 우리는 이 사례를 호메로스의 유명한 서사시 『일리아스』의 주인공인 아킬레우스의 분노에서 찾아볼 수 있다.

호메로스의 『일리아스』와 영웅 아킬레우스의 분노

호메로스는 기원전 8세기 무렵, 그러니까 지금으로부터 약 2900년 전에 활동했던 그리스의 시인이다. 그의 작품으로는 『일리아스』와 『오뒷세이아』가 오늘날까지 전해지고 있는데, 두 작품 모두 그리스 신화 시대의 마지막 사건에 해당하는 트로이아 전쟁을 소재로 삼고 있다. 이 가운데 『일리아스』는 전체 24권, 약 15,600행으로 이루어진 장편 서사시로서 그 주제는 영웅 아킬레우스의 분노이다. 아킬레우스는 그리스의 영웅들 가운데 가장 강력한 전사로 손꼽힌다. 그리스 연합군과 트로이아 간의 10년 전쟁에서 그는 항상 선두에 서서 싸웠고, 적들은 아킬레우스가 나타나기만 하면 도망치기 바빴다. 그런데 그는 10년 동안 연합군 측에서 열심히 싸우다가 막판에 여자 문제로 자신의 동지이자 연합군의 총사령관인 아가멤논과 극심하게 다투게 된다. 적의 도시를 정복한 뒤에 명예의 상으로 얻게 된 브리세이스라는 여인을 아가멤논이 빼앗아갔기 때문이다. 여인을 빼앗김으로써 명예를 잃었다고 생각한 아킬레우스는 어머니인 바다의 여신 테티스를 만나 다음과 같이 부탁한다.

어머니, 어머니께서는 나를 단명하도록 낳아 주셨으니 높은 곳에서 우레를 치시는 올륌포스의 제우스께서는 내게 명예만이라도 주었어야 할 것입니다. 하지만 그분은 조그마한 명예도 주지 않았습니다.

넓은 지역을 통치하는 아트레우스의 아들 아가멤논이 나를 모욕하며 내 명예의 상을 제멋대로 빼앗아 가졌으니 말입니다. (…)

방금 전령들이 와서 브리세우스의 딸을, 아카이아의 아들들이 내게 준 그녀를 내 막사에서 데리고 나갔습니다. 그러니 어머니 가능하다면 나를 도와주세요.

어머니께서 일찍이 말과 행동으로 제우스의 마음을 즐겁게 해 드린 적이 있다면, 지금 올륌포스로 가서 제우스께 간청해 보세요. (…)

그렇게 하시면 아마 그분께서 트로이아인들에게 도움을 내려 주시고, 도륙당하는 아카이아인들을 바닷가의 뱃고물 사이에 가두실 것입니다.

그러면 모두 그들의 왕이 어떤 자인지 경험하게 될 것입니다. 그리

고 넓은 지역을 통치하는 아트레우스의 아들 아가멤논도 깨닫게 될
것입니다.

아카이아인 중에서 가장 용감한 자를 모욕했던 자신의 어리석음
을요.

— 호메로스, 『일리아스』 I, 350~428

* 천병희(2015) 역을 일부 수정하여 인용함

인용문에 따르면 아킬레우스의 사정은 다음과 같다. 자기는 장수
하지 못하고 단명할 운명이다. 그나마 명예라도 있어야 하는데, 아가
멤논이 자기 몫의 명예의 상을 빼앗아가 버렸다. 그러니 그에 대한
보복으로 그리스인들의 패배와 트로이아인들이 승리를 어머니가 제
우스에게 탄원해 주길 바란다는 것이다. 그런데 조금만 따져 봐도 아
킬레우스의 이러한 요구는 터무니없는 것처럼 보인다. 여인을 빼앗
겨 화가 난다는 이유로 아군의 패배와 적군의 승리를 그것도 신들의
왕인 제우스에게 탄원한다는 것은 이해하기 어렵기 때문이다. 누구
도 경기 중에 같은 팀 동료에게 기분이 나쁘다고 해서 상대 팀을 돕
거나 하지는 않는다. 하물며 전쟁 중에 상대의 승리를 탄원하다니, 반
역도 이런 반역은 없다. 하지만 어머니 테티스는 아들의 부탁대로 제
우스에게 탄원하고, 제우스는 테티스의 탄원을 받아들인다. 결국 그
리스 연합군은 트로이아 군대에 패퇴를 거듭하면서 절체절명의 위기
에 빠지게 된다. 이 작품의 서시序詩에 해당하는 맨 앞부분에서 시인
은 아킬레우스의 가공할 분노로 인해 수많은 영웅이 죽었고, "그들의

혼은 하데스(지옥)로 갔고, 그들의 시체는 개들과 새들의 먹이가 되었다"고 노래한다. 과연 이런 인간을 영웅이라고 할 수 있을까? 오늘날의 상식과 가치관으로 판단해 보면, 아킬레우스는 자신의 명예를 잃을 경우 동지고 뭐고 할 것 없이 파멸을 꾀하는 반역자와 다를 바 없다. 그렇다면 그리스인들은 무엇을 보고서 아킬레우스를 그리스 최강의 영웅이라고 생각했던 것일까?

삶의 유한성과 불멸의 명예
– 아킬레우스가 바랐던 것

그리스인들에게 영웅은 신에 가장 가까운 인간이었다. 대부분의 경우 신화 속 영웅들은 부모 중 한 명이 신이다. 영웅은 신의 피가 섞여 있기에 보통의 인간보다 모든 면에서 월등히 뛰어나다. 하지만 나머지 피의 절반은 인간의 것이기에 신이 되지 못하고 인간으로 머문다. 그런데 이 차이는 결정적이다. 왜냐하면 신과 인간의 차이는 바로 불사냐 죽느냐이기 때문이다. 신은 죽지 않는다. 반면에 인간은 아무리 강하고 지혜롭다고 해도 죽음을 피할 수 없다. 영웅은 힘과 지략에서는 신에 버금갈 수도 있지만, 결국 죽는다는 점에서는 인간임을 벗어날 수 없다. 다음으로 신과 인간에게 있어서 가장 중요한 것을 생각해 보자. 인간에게 가장 중요한 것은 목숨이다. 부와 명예, 지위와 권력이 아무리 대단하다 할지라도, 그것을 가진 자가 죽으면 아무

소용이 없기 때문이다. 따라서 인간은 무엇보다도 목숨을 소중히 할 수밖에 없다. 반면에 이미 불사인 신에게는 목숨은 문제가 되지 않는다. 오히려 신에게 가장 중요한 것은 명예이다. 신은 그 자체로 우월한 자이며 인간들에게 숭배의 대상이다. 그런 신이 명예를 잃고 영원히 살아간다는 것은 인간의 죽음만큼이나 두려운 것이다. 그렇다면 영웅은 어떨까? 영웅은 신에 가깝게 우월하며 탁월한 힘을 지녔다. 하지만 인간이기에 죽음을 피할 수 없음을 알고 있다. 그래서 영웅들은 죽음을 피하지 않는 대신 다른 방식으로 불사를 추구한다. 그것은 바로 세세손손 사람들이 기억할 만한 위대한 업적을 남김으로써 불멸의 명예를 얻는 것이다. 즉 생물학적인 죽음은 피할 수 없지만, 영원히 지속하는 명예를 통해 불사하려는 것이다. 따라서 영웅들이 행동하는 이유는 바로 명예의 추구에 있다. 그리스 신화에 등장하는 수많은 영웅의 모험 이면에는 바로 이러한 불멸의 명예에 대한 욕구가 잠재되어 있는 것이다.

자, 이제는 왜 아킬레우스가 모든 것을 뒤엎을 만큼 분노했는지를 살펴보자. 아킬레우스는 인간 영웅 펠레우스와 바다의 여신 테티스 사이에서 태어났다. 테티스는 자기 아들이 죽을 수밖에 없는 인간이라는 사실을 매우 슬퍼하여 여러 차례 불사로 만들려고 시도했지만 모두 실패하였다. 그런데 아킬레우스가 성인이 될 무렵에 트로이아 전쟁이 발발한다. 그리고 아킬레우스에게는 양자택일 가능한 신탁이 떨어진다. 그것은 그가 전쟁에 참여한다면 전쟁 중에 단명하되 불멸의 명예를 얻을 것이요, 전쟁을 피한다면 장수하되 아무런 명예도 얻지 못할 것이라는 신탁이었다. 아들의 단명을 두려워했던 어머니는 이 사실을 알려 주지 않았다. 하지만 나중에 신탁의 내용을 알게 된 아킬레우스는 주저 없이 참전을 결정한다. 그가 원했던 것은 불멸의 명예를 얻음으로써 물리적인 죽음이라는 인간의 운명을 넘어서는 것이었다. 위의 대목은 아킬레우스의 심정을 잘 보여 준다. 그는 참전한 이상 언제든 죽을 준비가 되어 있다. 그것은 내일이 될 수도 있고, 오늘 밤일 수도 있다. 하지만 죽음을 감수하는 대신 누구보다도 오래 지속되는 명예를 얻으려 했던 것이다. 그런데 자신이 명예의 상으로 받은 여인을 아가멤논이 빼앗음으로써 목숨을 대가로 얻고자 했던 명예마저 잃게 된 것이다. 이미 목숨을 포기한 아킬레우스는 명예까지 잃게 됨으로써 자신의 존재 의의를 완전히 상실한 것이라고도 생각할 수 있다.

그렇다면 아킬레우스는 어떻게 자신의 명예를 되찾을 수 있을까? 그는 제우스의 힘을 이용해 명예를 되찾으려고 한다. 제우스가 트로이아의 편을 들어 그리스 군대를 패퇴시킨다면, 그리스인들은 영문도 모르고 최강의 영웅인 아킬레우스의 부재를 아쉬워할 것이다. 패배를 거듭할수록 사람들은 점점 더 아킬레우스의 복귀를 원할 것이요, 사람들이 아킬레우스를 원하면 원할수록 실추되었던 그의 명예는 점차 회복될 것이다. 사실 이것은 매우 엽기적이고 잔인한 욕구라 할 수 있다. 왜냐하면 같은 편이 더 많이 죽고 더 많은 고통을 당할수록 자신의 명예가 더 높아지리라 생각하기 때문이다. 그렇다면 아킬레우스는 자신의 명예를 위해 동지들의 목숨과 안전 따위는 염두에 두지 않았던 것일까? 그런 영웅은 어떻게 평가해야 할까? 먼저 생각해둬야 할 것은 앞에서 언급했듯이 그리스 신화 속 영웅들은 언제나 자기중심적으로 생각하고 실천한다는 사실이다. 정의나 의리와 같은 개념들은 영웅들에게는 고려의 대상이 되지 않는다. 어떻게 보면 극단적 개인주의 내지는 이기주의처럼 보이는 이러한 태도는 영웅들이 신과 닮아 있음을 생각해 본다면 어느 정도 이해할 수 있다. 신들은 불사일 뿐만 아니라, 그 능력의 탁월함으로 인해 어떠한 결핍도 느끼지 않는 자족적인 자들이다. 따라서 신들은 살아가기 위해 타자에게 의존할 필요가 없다. 비록 그리스 신화 속 신들이 올림포스 산의 신궁에 모여 산다고는 해도, 그들이 서로 의지하고 도와가며 살아가지는 않는다. 그럴 필요가 없기 때문이다. 신들이 모여서 회의를 하는 것은 인간의 운명을 결정하거나 그들이 바친 제물을 향유하고 잔치를 즐기기 위해서이다.

이와 달리 인간은 불완전하고 항상 결핍을 느끼기에 생존을 위해 타인을 필요로 한다. 결국 인간에게 공동체는 생존을 위한 필수 조건인 셈이다. 그런데 공동체가 유지되고 제대로 기능하기 위해서는 일정한 규칙과 규범이 필요하다. 그것이 바로 정의와 도덕이다. 이것들이 깨지는 순간 공동체는 무너지고 인간의 생존은 위험에 처하게 된다. 그렇다면 영웅은 어떨까? 영웅 역시 죽음의 운명을 피할 수 없는 인간이지만, 그의 능력과 살아가는 방식, 그리고 원하는 것은 신에 가깝다고 할 수 있다. 그는 신만큼은 아니지만, 그럼에도 우월한 자로서 타인을 필요로 하지 않는다. 죽음을 피할 수 없는 대신 불멸하는 명예를 얻기 위해서 타인을 배려하거나 눈치 볼 필요를 느끼지 못한다. 아킬레우스가 아무런 주저함 없이 어머니를 통해 제우스에게 그리스인들의 패배와 트로이아인들의 승리를 탄원했던 것은 바로 이러한 사실에 연유한다. 그리스인들이 패퇴하면 할수록 그들은 아킬레우스의 빈자리를 절실하게 느낄 것이요, 그들이 아킬레우스의 복귀를 원하면 원할수록 그의 명예는 점점 더 높이 올라갈 것이기 때문이다. 작품의 후반부를 보게 되면, 결국 아킬레우스는 그리스인들이 해변까지 밀려나고, 사랑하는 동료인 파트로클로스가 적장 헥토르에게 죽임을 당하고 나서야 복수를 위해 전장에 복귀한다. 즉 그는 모든 그리스인들이 파멸을 생각하던 그 순간 싸움터로 돌아옴으로써 최고의 명예를 얻었던 것이다.

영웅 혹은 불사를 갈구하는 인간 욕망의 형상화

신화 속 영웅들은 그 신화를 이야기하던 사람들의 욕구를 반영한다고 할 수 있다. 즉 한 시대를 살아가는 사람들의 간절한 바람이 영웅의 모습 속에 투영된 것이다. 그런 점에서 그리스의 신화의 영웅들은 신을 닮고자 했던 인간의 욕망이 투영된 인물들이었다. 그것은 바로 죽음의 운명에서 벗어나는 것이다. 천하를 얻고도 만족하지 못하여 불로초를 찾게 했다는 진시황의 경우처럼, 죽음은 인간의 모든 것을 무화시켜버릴 만큼 강력하다. 그래서 사람들은 죽음을 벗어나기 위해 갖은 노력을 기울여왔다. 그것은 그저 수명을 늘리려는 노력에 그치지 않고, 사후 세계의 존재나 윤회 혹은 환생에 대한 믿음으로 전화하기도 했다. 그리스 신화의 영웅담은 유한한 인간에게 불멸의 속성을 부여하려는 시도로 읽을 수 있다. 나는 생물학적으로 죽을 수밖에 없지만, 내 이름만큼은 자자손손 언급될 것이요, 기록으로 남아 먼 훗날까지 화자하리라는 것이다. 요컨대 영웅담은 불멸의 명예를 얻기 위해 분투했던 사람들의 이야기이며, 신화 속 영웅들은 죽음의 운명을 벗어나려는 인간 욕망의 형상화라고 이해할 수 있다.

3장

영웅의 성공과 몰락
─『플루타르코스 영웅전』의 알렉산드로스

김헌

'플루타르코스 영웅전'?

고대 그리스와 로마의 위대한 인물들의 삶을 담은『플루타르코스 영웅전』의 원래 제목에는 '영웅'이라는 말이 없다. 소개된 인물의 면면은 '영웅'이라 해도 손색이 없겠지만, 플루타르코스가 붙인 원래 제목은 소박했다.『생애의 비교』였다. 플루타르코스는 그리스 역사에서 중요한 정치적 획을 그은 사람들의 삶을 소개하고, 그에 버금가는 로마의 인물들의 삶을 짝지어 비교했다. 전기의 주인공은 모두 50명인데, 네 명을 제외한 46명의 인물이 짝패처럼 서로 비교된다. 예를 들면 아테네의 초석을 세운 테세우스는 로마의 건국 시조인 로물루스와 비교된다. 헬레니즘 '제국'을 이룬 정복자 알렉산드로스 대왕은 갈리아를 정벌하며 로마의 영토를 확장한 카이사르와 비교된다. 같은 시기에 아테네의 민주정을 수호하려고 했던 정치 연설가 데모스테네스는 카이사르와 안토니우스와 같은 정치적 야심가들에 맞서 로마의 공화정을 수호하려고 했던 정치 연설가 키케로와 비교된다. 그래서 원제목이 '생애의 비교'였던 것이다.

고대로부터 『플루타르코스 영웅전』은 인기가 높았다. 4세기부터는 로마 제국에서 청소년이 반드시 읽어야 할 고전의 반열에 올랐고, 비잔티움 세계에서는 아이들 교육을 위해 가장 중요하고 인기 있는 텍스트로 꼽혔다. 기독교가 주류를 이루던 중세에는 잠시 잊혔지만, 르네상스 이후 이 책은 인문주의자들에 의해 새롭게 정리 편집되고, 각국의 언어로 번역되어 보급되었다. 서양 근대의 계몽주의 시대를 이끌었던 몽테뉴, 루소, 드라이든, 에머슨, 셰익스피어 등이 그의 작품에 많은 영향을 받았다. 오늘날까지도 그의 책은 꾸준히 대중적인 인기를 누리고 있다. 우리는 『플루타르코스 영웅전』의 등장인물, 그리스와 로마 역사에서 위대한 족적을 남긴 사람들로부터 무엇을 얻을 수 있을까? 이 책의 저자, 플루타르코스라는 인물에 대해 먼저 살펴보자.

플루타르코스는 그리스 사람이다. 서기 50년쯤에 태어나 120년에 죽은 것으로 추정된다. 그러니까 그가 활동하던 시기는 '로마의 평화'라 불리는 '팍스 로마나'의 시대였다. 로마가 제국의 면모를 갖추고 지중해 지역의 패권을 차지하면서 그리스를 지배하던 시기였다. 플루타르코스는 20세가 되자 아테네로 왔다. 그는 플라톤이 세운 아카데미아에 들어가 철학을 공부했다. 특이한 점은 그가 철학자로만 살

3장 『플루타르코스 영웅전』의 알렉산드로스

지 않고 아폴론 신전의 사제직을 수행했다는 것이다. 그렇다고 그가 현실에서 동떨어진 삶을 산 것은 아니다. 그는 외교사절로 로마를 방문했고, 하드리아누스 황제의 명을 받아 그리스의 아카이아 지역에서 정치와 행정의 책임자로서 일하기도 했다.

여러 면에서 성실함과 탁월성을 보였던 그는 동료 시민들에게는 물론이고, 로마인들에게도 두루 사랑과 존경을 받는 지식인이었다. 그는 당시 로마의 집정관이었던 메스트리우스의 주선으로 정식 로마 시민권자가 되었다. 로마는 외국 식민지의 시민들에게도 시민권을 부여하여 로마의 외연을 확장하려고 했는데, 여기서 로마 시민권자에게 부여되는 권리란 제국 내에서 자유롭게 이동하고 무역을 할 수 있는 권리, 로마 시민으로서 신분을 보장받는 권리뿐만 아니라, 귀족에게만 부여되는 정치 참여의 적극적 권리까지를 말한다. 이 사실은 로마인 사이에서 플루타르코스의 명망이 얼마나 높았는지를 잘 보여준다.

플루타르코스는 그리스, 로마의 위대한 인물들에 대해 서술할 때 두 가지 중요한 특징을 보인다. 먼저 그는 인물들의 도덕적 품성에 주목하고, 그것이 어떤 교육의 결과였는지를 추적한다. 인품과 행동의 인과관계를 밝히려는 것인데, 그 최종적인 지표는 윤리적이고 실천적인 측면이다. 플루타르코스는 한 인물을 조명하면서 그 "인간의 속내를 드러내는 행위들"에 관심을 기울인다. 그 행위들이 꼭 역사적으로나 사회적으로 대단한 것은 아니다. "우연한 발언이나 농담과 같은 하찮은 일에서 한 인간의 성격이 더 분명하게 드러난다"라고 밝힌 플루타르코스는 위대한 인물들의 사소한 행적들에 예의 주시한다. "참된 행복은 대부분 그 사람의 성격과 성향 속에 깃들어 있다." 이 말처럼 플루타르코스는 한 사람의 삶을 이야기할 때, 그 행적 자체보다는 그런 행적을 가능하게 한 그 사람의 성격, 그가 지닌 미덕과 악덕에 주목한다. 이런 관심은 철학적인, 특히 윤리적이고 도덕 철학적인 것이었다.

또 다른 특징은 종교성이다. 플루타르코스는 뛰어난 품성과 능력을 지닌 사람들이 인간의 한계 앞에 무너지는 모습을 과감하게 드러낸다. 탁월한 성과를 보였던 인물들이 갑작스럽게 몰락하는 모습을 보여 주면서 독자들에게 인간의 한계를 상기시킨다. 인간의 한계 너머에 있는 절대적인 힘 앞에서 겸손해야 함을 암시하는 것이다. 그러나 그의 종교관은 분노한 제우스가 으르렁거리면서 인간들을 향해 번개를 집어던지는 것과 같은, 그런 '그리스 로마 신화'의 유치한 만화적 수준에 머무르지는 않는다. 당시 사람들의 정신세계를 지배하던 신화를 상징적이고 은유적으로, 우의적으로 해석한다.

플루타르코스는 이렇게 말한다. "내가 쓰려는 것은 역사^{historia}가 아니라 사람들의 삶^{bios}이다." 이 두 가지 특징 덕택에 우리는 그의 작품 속에서 역사와 신화, 철학과 종교가 조화롭게 결합한 흥미로운 이야기를 만난다. 이는 실증적인 자료에 토대를 두고 역사적인 사실에 주목하는 여느 역사가와는 사뭇 다르다.

불세출의 영웅, 알렉산드로스?

여기에서는 그리스의 위대한 정복자 알렉산드로스를 살펴보자. 알렉산드로스는 그리스 북부 산악 지역에 있는 마케도니아 출신이다. 당대 그리스의 주류였던 아테네나 스파르타, 테베와 코린토스 사람들의 눈에는 '촌놈'이었다. 알렉산드로스는 태생적으로 '영웅'이 아니었다. 그리스 신화에서 영웅은 아버지나 어머니 한쪽이 신이어야 한다. 물론 그는 그런 조건을 충족시키지 못했다. 그의 아버지 필립포스 2세와 어머니 올륌피아스는 둘 다 인간이었기 때문이다. 태생적으로 '영웅'이 아니라는 말이다. 하지만 플루타르코스는 그들의 족보 끝에 독보적인 두 영웅의 이름을 올려놓는다. 아버지 필립포스의 계보에는 헤라클레스가 있으며, 어머니 올륌피아스의 계보에는 아킬레우스가 있다는 것이다. 올륌피아스의 태몽을 소개할 때는 알렉산드로스에게 신성을 더한다. 그녀는 결혼식 전날 밤 태몽을 꾸었는데, 벼락이 올륌피아스의 배를 치자 섬광이 일어나 불길이 사방으로 퍼지는 꿈이었다. 태몽대로라면 알렉산드로스의 아버지는 필립포스가 아니라 번개의 신 제우스가 된다. 알렉산드로스는 아버지가 암살당한 후, 20살에 왕위를 계승받고 불과 22살의 나이에 페르시아 원정길에 오른다. 이때 올륌피아스는 아들에게 '출생의 비밀'을 알려 준다. '너는 제우스의 아들이니 당당하게 행동하라'고 당부했는데, 이 말은 결국 '너는 한갓 인간이 아니라, 태생적으로 영웅이니, 그것에 맞게 행동하라'는 뜻이었다.

알렉산드로스는 어려서부터 『일리아스』를 읽으면서 '제2의 아킬레우스'가 되고자 했다. 그는 트로이아에 도착하자, 아킬레우스에게 제사를 올리며 그를 능가할 것을 다짐했다. 알렉산드로스가 '아킬레우스'가 되고자 했다는 것은 정치적, 군사적으로 각별한 의미가 있다. 아킬레우스가 영웅으로 활약했던 트로이아 전쟁은 그리스 연합군이 힘을 합쳐 소아시아의 트로이아 연합군을 무너뜨린 이야기다. 알렉산드로스가 감행한 페르시아 원정은 옛날의 트로이아 전쟁을 재현한 것으로 볼 수 있다. 그는 제2의 트로이아 전쟁이라 할 수 있는 페르시아 원정에서 아킬레우스를 넘어서는 새로운 영웅이 되고, 새로운 전설과 신화의 주인공이 되려 했던 것이다.

알렉산드로스의 활약은 기원전 333년에 벌어진 잇수스 전투에서 유감없이 발휘된다. 전쟁 경험이 풍부했던 불혹의 다레이오스는 60만 대군을 이끌고 있었다. 약관의 알렉산드로스가 고작 3만의 군사를 거느리고 나타났을 때 그는 코웃음을 쳤다. 그러나 그는 거침없이 달려드는 알렉산드로스의 상대가 되지 못했다. 알렉산드로스는 다리에 상처를 입었지만, 거침없이 몰아붙였다. 다레이오스는 가족과 부하들을 버리고 달아났고, 그의 군대는 10만 명 이상의 전사자를 내며 패주했다. 알렉산드로스는 수적 열세를 딛고 엄청난 승리를 거두었다. 자신이 아킬레우스와 비교해도 손색없는 전사임을 목숨 걸고 입증한 것이다. 그는 아버지 쪽 혈통인 헤라클레스처럼 사자 가죽의 옷을 입기도 했다. 자신의 이미지를 야수와 괴물을 무찔러 인간을 구원한 영웅의 이미지로 덧씌우려 한 것이다.

알렉산드로스의 영웅적 행적에서 압권은 이집트 원정 때였다. 그는 자신의 이름을 딴 '알렉산드리아'라는 도시를 건설하라고 지시한 후에 암몬 신전으로 갔다. 사람들은 그를 극구 만류했다. 길이 멀고 험한 사막이라 탈진해서 쓰러지거나 세찬 모래바람에 파묻힐 수도 있다고 경고했다. 실제로 페르시아의 캄뷔세스왕의 군대 5만 명이 모래바람에 휩쓸려 매장된 적이 있었다. 그러나 포기할 알렉산드로스가 아니었다. 그는 마침내 신전에 도착하여 물었다. "나의 아버지를 암살한 자 중에 복수를 피한 자가 있습니까?" 그러자 "왜 불멸하는 신의 아들이 한갓 인간을 아버지라 여기느냐?"라는 반문과 함께 "너는 온 인류를 다스릴 운명을 타고났다"라는 신탁을 들었다. 그는 듣고 싶은 것을 들었고, 사제는 그가 듣고 싶어 하는 것을 신의 이름으로 전달했다. 세계 정복은 이제 그의 욕망일 뿐만 아니라 신의 신성한 명령이 된 것이다.

이 소문은 널리 퍼졌다. 알렉산드로스는 이를 전술적으로 이용했다. 아마도 이 소문은 그가 의도적으로 퍼트렸을 것이다. 플루타르코스는 이렇게 기록했다. "알렉산드로스는 자신의 신성에 대한 믿음에 현혹되거나 우쭐대지는 않았다. 하지만 남들을 복속시키는 데는 그것을 적극적으로 이용했다." 그라니코스강의 전투를 시작으로 소아시아와 시리아, 팔레스타인을 정복하고 이집트를 손에 넣은 알렉산드로스는 파죽지세로 페르시아의 심장을 향해 돌진했다. 이 과정에서 그와 곧 맞붙어야 할 지역 지도자들은 깊은 고민에 빠졌다. 맞서 싸우자니 패할까 두려웠고, 항복하자니 정치적 권위를 잃을 것 같아 불안했다. 그때 알렉산드로스의 '전설'은 그들에게 전쟁을 피할 핑 곗거리를 주는 좋은 명분이 되었다. '알렉산드로스와 싸우는 것은 곧 신의 아들과 싸우는 것이며, 그것은 신에게 불경과 오만의 죄를 범하 는 것이다.' 지도자들은 이렇게 백성을 설득하며 알렉산드로스에게 성문을 열어 주었다. 알렉산드로스는 그들에게 영웅의 품격에 어울 리는 관용을 베풀었다. 이것은 싸우지 않고 양쪽이 모두 이기는 결과 를 얻는 전략이었다. 반면 알렉산드로스에 저항하는 도시는 철저하 게 파괴되었다. 그것은 불경스러운 역린에 대한 신성한 응징으로 포 장되었다.

페르시아 정복을 위한 최대의 전투는 기원전 331년에 가우가멜라 에서 벌어졌다. 마치 이미 승리를 거둔 사람처럼 늘어지게 늦잠을 자 다 일어난 알렉산드로스는 하늘을 향해 오른손을 치켜들며 이렇게 외쳤다. "내가 진실로 제우스의 아들이라면, 그리스인들을 지켜 주고 강하게 해 주십시오." 병사들의 사기는 하늘을 찌를 듯 솟구쳤다. 플 루타르코스는 다레이오스가 100만 대군을 이끌었던 반면, 알렉산드 로스의 병사들은 5만 명이라고 전해 준다. 그러나 알렉산드로스는 수 적 열세를 극복하고, 적진 전열의 틈을 노려 다레이오스를 향해 돌진 했다. 다레이오스는 겁을 먹고 달아났고, 페르시아군은 무참히 쓰러 졌다. 알렉산드로스의 완벽한 승리였다. 그 후, 알렉산드로스는 특별 한 저항 없이 바빌론과 수사를 점령했고, 연이어 페르시아의 수도인 페르세폴리스와 엑바타나를 손에 넣었다.

알렉산드로스의 야망은 일차적으로는 페르시아를 정복하는 것이었지만, 궁극적으로는 동쪽 땅끝으로 가서 바다를 보는 것이었다. 하지만 인도 서부에서 멈춰야 했다. 한 번도 패한 적이 없던 알렉산드로스는 원정에 지친 부하들에게만은 패배했던 것이다. 절망한 알렉산드로스의 행동이 흐트러지기 시작했다. 그러자 전우들이 하나둘 등을 돌렸다. 계속된 전쟁의 피로감은 병사들의 사기를 저하시켰고, 내부의 불만은 고조되었다. 그 와중에 최고의 전사였던 클레이토스가 알렉산드로스의 오만함을 지적하며 대들었다. 알렉산드로스는 순간의 화를 참지 못하고 분노를 터뜨리며 그에게 창을 던졌고, 그는 절명하고 말았다. 클레이토스는 알렉산드로스가 죽을 뻔했던 순간에 그를 구해 준 생명의 은인이었고, 알렉산드로스 원정의 일등공신이었다. 후회가 파도처럼 밀려왔다. 돌이킬 수 없는 치명적인 실수였다. 그 순간을 플루타르코스는 이렇게 기록한다. "정신이 돌아와 측근들이 주위에 말없이 서 있는 것을 보았을 때, 그는 시신에서 창을 뽑았다. 만약 호위병들이 그의 손을 잡고 미리 제지하며 그를 억지로 방으로 데려가지 않았더라면 그 창으로 자신의 목을 찔렀을 것이다. 알렉산드로스는 그날 밤과 그 이튿날을 통곡으로 보냈고, 그러다가 울다 지쳐 말도 못 하고 무거운 한숨만 쉬며 누워 있었다."

알렉산드로스는 세계 정복의 꿈을 이루지 못하고 고향으로 돌아오는 길에 33세의 나이로 세상을 떠났다. 플루타르코스는 무절제한 음주가 그의 정신과 몸을 망가뜨렸다고 기록했지만, 그 술에 누군가가 암살의 독을 넣었으리라는 의혹과 추정은 지금도 끊이지 않는다. 온 인류를 지배하겠다는 그의 꿈은 신의 영역에 들어가려는 '불경스러운 것'이었으며, 그 오만함은 끝내 인간의 한계에 부딪혀 비극적인 종말을 맞이했다. 전형적인 영웅적 죽음이다. 아킬레우스가 그랬고 헤라클레스가 그랬듯이, 그는 신적인 열망을 안고 솟구쳤지만 인간의 유전자를 품은 영웅의 운명으로 추락한 것이다.

플루타르코스는 알렉산드로스의 생애를 하나의 비극처럼 그려 주었다. 그의 성공은 물론, 비극적인 파멸까지도 이 세상을 살아가는 우리를 비추는 거울이다. 우리는 인류 역사 속의 알렉산드로스일 수는 없어도, 적어도 우리의 삶 속에서는 하나의 '알렉산드로스'이기 때문이다. 알렉산드로스, 그리고 그와 비교된 카이사르, 그밖에 플루타르코스가 그려 준 48명의 인물도 마찬가지다. 그래서 그것은 자기 삶을 주도적으로 이끌어 가야만 하는 모든 이들에게 삶의 지침서가 되는 것이다.

영웅을 만든 3명의 스승

플루타르코스의 작품에서 흥미로운 점은 인물들의 행위와 품격에 교육의 힘을 연결한다는 것이다. 알렉산드로스를 영웅이 되게 한 3명의 스승이 있었다.

첫 번째 스승은 아리스토텔레스이다. 알렉산드로스는 열세 살 때 아리스토텔레스를 만났다. 알렉산드로스는 아리스토텔레스에게 윤리학과 정치학, 철학은 물론, 의학과 같은 실용적인 학문에 이르기까지 백과사전적인 지식을 배웠다. 아리스토텔레스의 윤리학은 행복을 지향하는데, 그 비결은 특정 분야에서 뛰어난 기량을 발휘하는 동시에, 인간으로서의 이성적이고 도덕적인 품격을 지키는 것이었다. 알렉산드로스는 영웅적인 열망 또한 아리스토텔레스의 영향을 받았다. 알렉산드로스가 항상 지니고 다녔던 『일리아스』는 아리스토텔레스가 만들어 준 것이었다. 플루타르코스는 이렇게 말했다. "알렉산드로스는 아리스토텔레스를 숭배했고, 아버지 못지않게 사랑했다. 아버지는 그에게 생명을 주었으나 아리스토텔레스는 아름답게 사는 법을 가르쳐주었다."

두 번째 스승은 디오게네스이다. 알렉산드로스는 왕위에 오른 직후 그리스의 주요 도시들을 제압한 후, 도시 대표들을 코린토스에 모이게 했다. 많은 정치가와 철학자들이 찾아와 인사했지만, 정작 그가 만나고 싶어 했던 디오게네스는 오지 않았다. 알렉산드로스는 직접 그를 찾아갔다. 디오게네스는 햇볕을 즐기며 누워있었다. 알렉산드로스가 그에게 소원이 무엇이든 들어주겠다고 하자, 디오게네스가 말했다. "햇볕을 가리지 않게 조금만 비켜서 주시오." 알렉산드로스는 권력에 굴복하지 않고 당당한 디오게네스에게 감탄했다. "내가 만약 알렉산드로스가 아니라면, 나는 디오게네스가 되고 싶다."

디오게네스에게 진한 감동을 받은 알렉산드로스는 그에게서 직접 배울 수 없다는 것을 알고, 그의 제자를 소개받아 동행했다. 이후 알렉산드로스의 원정을 함께하며 모든 행적을 기록한 이가, 디오게네스의 제자이자 역사가인 오네시크리토스였다. 알렉산드로스는 그렇게 해서라도 디오게네스의 철학을 배우고 싶었던 것이다. 실제로 그는 디오게네스적인 금욕주의를 실천했다. 전리품은 부하들에게 아낌없이 나눠주었고, 정복지의 여인들에게 손을 대는 법이 없었다. 호의호식도 없었고, 음식도 극히 절제했다. "맛있는 아침 식사를 위해서는 야간 행군을 하고, 맛있는 저녁 식사를 위해서는 아침을 적게 먹는 것"이 가장 훌륭한 요리사를 얻는 것과 같다고 했다. 시간이 날 때면 독서를 하며 지혜를 쌓았고, 사냥과 무예를 연마하며 몸을 닦았다. 허투루 시간을 보내는 일 없이 언제나 철저히 자신을 관리했다.

또 하나의 스승은 이소크라테스이다. 이 내용은 플루타르코스가 말하지 않은 것이지만 알렉산드로스를 이해하기 위해 꼭 필요하다. 알렉산드로스의 아버지, 필립포스가 맹활약을 펼칠 무렵, 그리스는 내분의 위기에 직면해 있었다. 페르시아가 침략했을 때 힘을 모았던 아테네와 스파르타는 외부의 적이 물러난 후, 그리스의 패권을 놓고 경쟁자가 되었다. 둘 사이에서 벌어진 27년의 펠로폰네소스 전쟁이 끝난 후, 전쟁에 패한 아테네는 급격히 쇠약해졌고, 스파르타도 승리의 대가를 톡톡히 치러야 했다. 기존에 강성했던 두 도시가 힘을 잃자 테베와 코린토스가 새롭게 득세하며 주도권 경쟁에 참여했다. 페르시아 또한 그리스의 내분을 틈타 호시탐탐 그리스 정복을 노리고 있었다.

이때 이소크라테스는 '범그리스주의panhellenism'을 주장하며 그 이념을 실현할 주역을 찾고 있었다. 분열된 그리스가 한마음 한뜻으로 힘을 모아 페르시아를 정복하자는 것이었다. 이소크라테스는 필립포스에게 범그리스주의를 실현하라는 정치적 메시지를 보냈다. 알렉산드로스도 이소크라테스가 필립포스에게 보낸 편지들을 봤을 것이다. 그가 아버지의 뒤를 이어 페르시아 원정을 감행한 것도 그 영향인 셈이다. 알렉산드로스가 열네 살 때, 이소크라테스는 그에게 직접 편지를 썼다. 편지에서 알렉산드로스의 가능성에 대한 기대감을 감추지 않았고, 제왕으로서 유용한 학문에만 귀를 기울이라고 조언했다.

이 세 스승의 가르침에 충실할 때 알렉산드로스는 승승장구했다. 아리스토텔레스가 가르쳐준 품성의 탁월함과 합리적, 이성적인 판단의 뛰어남, 그리고 영웅으로서의 용기를 유지하는 동안 전투에서 감히 그를 대적할 자는 없었다. 디오게네스의 윤리적 가르침에 따라 절제와 금욕의 미덕을 발휘하는 동안 그는 동료와 부하들은 물론 적들에게조차 존경의 대상이었다. 그의 도덕적 품격과 지적 탁월함에 이소크라테스적인 정치적 비전이 더해졌을 때, 그의 군사적인 행보는 명분을 얻고 멀리 뻗어 나갈 수 있었다. 그러나 그가 정치적 비전에 좌절하는 순간, 생활 태도가 흐트러지며 한순간에 방탕하고 난폭한 폭군으로 전락하였다. 그는 곧 과음과 무절제한 생활에서 치명적인 열병을 얻어 서른세 살의 나이에 요절했다. 기원전 323년의 일이었다. 그의 죽음에 스승들도 삶의 희망을 잃었던 것일까? 그 해에 디오게네스가 세상을 떠났고, 그 이듬해에는 아리스토텔레스가 사망했다. 그렇게 영웅의 몰락과 함께 한 시대가 저물어 갔다.

우리를 비추는 거울

지금까지 알렉산드로스의 삶에 관해 살펴보았다. 알렉산드로스를 비롯해서 플루타르코스의 작품 속 인물들은 그리스 로마 역사 속에서 한 획을 그은 영웅들이다. 하지만 그들의 삶 또한 우리의 삶 속에서도 재현되는, 우리의 다양한 모습들이 담겨있다. 그 영웅들의 성장과 성공, 실패와 몰락의 이야기 속에서 우리 자신의 모습을 보고, 우리 삶을 새롭게 이끌어 나갈 힘을 얻을 수 있다.

먼저, 그들의 성공은 열정과 야망만으로는 불가능했음을 기억해야 한다. 그들은 그것을 얻기에 합당한 다양한 측면의 실력과 인간적인 품격을 갖추기 위해 쉴 새 없이 준비하고 노력했다. 또한 그들은 끊임없는 경쟁 속에서 자기와의 싸움을 멈추지 않았다는 것도 기억해야 한다. 자기 안에 솟아나는 탐욕과 두려움을 다스리고 엄격하게 자신을 다스릴 때, 외부의 적을 이겨 낼 저력을 갖게 된 것이다. 모든 싸움에서 첫 번째 적은 자신 안에 있음을 그들은 잘 알고 있었다.

그러나 그들의 탁월함도 모든 것을 다 이겨 낼 수는 없었다. 인간에게는 결코 넘지 못할 벽, 한계가 있었다. 플루타르코스는 어쩌면 바로 그 점을 가장 강조하고 싶었던 것일지도 모르겠다. 그렇다고 겸손이 최고의 미덕이라고 말하는 것은 아니다. 인간의 본성이 그렇다는 것을 말하고 싶은 것이다.

알렉산드로스처럼 산다는 것은 그처럼 역사에 위대한 획을 긋는 삶을 사는 것만을 의미하는 것은 아니다. 미국의 소설가인 존 바스 John Barth는 이런 말을 했다. "모든 사람은 필연적으로 자기 자신이 써나가는 삶의 이야기에서 영웅이다. Everyone is necessarily the hero of his own life story." 우리가 플루타르코스의 작품에 나오는 인물들처럼 우리의 역사 속에 중요한 활약을 할 영웅일 수도 있고, 그렇지 않을 수도 있다. 가장 중요한 사실은 우리는 우리 개개인의 삶 속에서 가장 중요한 인물이라는 것이다. 그래서 우리는 우리의 삶 속에서는 한 명의 알렉산드로스이다. 그리고 우리의 삶에서 우리가 어떻게 살아가고 있는가를 돌아보고 기억하며 기록하는 한 명의 플루타르코스라는 것도 잊지 말아야 한다.

4장

영웅들은 왜 추락했을까?
―벨레로폰테스, 파에톤, 이카로스의 추락

김헌

벨레로폰테스의 추락

벨레로폰테스는 그리스의 코린토스라는 도시 출신의 영웅이다. 그는 신들에게서 불을 몰래 훔쳐 인간들에게 가져다준 프로메테우스의 자손이었고, 코린토스를 세운 전설적인 인물인 시쉬포스의 손자로 알려졌지만, 한 가지 의문이 있다. 벨레로폰테스의 어머니는 에우뤼노메라는 여인이었고, 아버지는 시쉬포스의 아들 글라우코스였다고 하는데, 진짜 아버지는 바다의 신 포세이돈이었다는 전설이 있기 때문이다. 이 전설에 따르면 벨레로폰테스는 반신반인의 영웅인 셈이다. 어쨌든 코린토스의 왕자로 성장하던 벨레로폰테스는 조상들에 대한 신들의 저주 때문에 왕이 될 수 없었다. 특히 시쉬포스가 신들을 속였던 것에 대해 신들이 앙심을 품었던 탓인데, 벨레로폰테스 입장에서는 억울한 일이었다.

　게다가 의도치 않은 실수로 코린토스의 귀족 벨레로스를 죽이고, 고향에서 추방당했다. 어떻게 하다가 그 사람을 죽이게 되었는지는 잘 알려지지 않았지만, 의도된 악의적인 살인이 아닌 것만은 분명하다. 그의 이름은 바로 이 살인 사건 때문에 붙은 것인데, '폰테스'는 '살인자'라는 뜻으로, '벨레로스의 살인자'라는 뜻의 이름 '벨레로폰테스 Bellerophontes'가 그에게 평생 낙인처럼 붙은 것이다. 그의 원래 이름은 '말 Hippos을 잘 다루는 자'라는 뜻의 '히포누스 Hipponoos'였다.

　하지만 그는 욕된 이름과는 달리, 고귀한 성품에 올바른 윤리와 양심을 품고 살았다. 어느 날 그가 살인죄를 씻기 위해 이웃 나라 튀린스의 왕 프로이토스를 찾아간다. 그런데 그곳에서 프로이토스의 아내인 스테네보이아가 벨레로폰테스에게 반해버린다. 상사병을 앓던 스테네보이아는 벨레로폰테스를 자신의 침실로 불러들여 유혹한다. 젊은 혈기에 욕망을 참지 못하고, 그 유혹에 넘어간다면 어떻게 될까? 불륜이 발각되면, 프로이토스왕의 격노를 피할 수 없을 것이다. 벨레로폰테스는 자기 이름에 새겨져 있는 살인의 과오를 씻기는커녕, 새로운 죄에 대한 가중처벌을 받아야 할 것이다. 그 누구도 이런 상황에서 스테네보이아의 유혹에 자신을 맡기지는 않을 것이다. 벨레로폰테스가 그랬다. 그는 단호하게 그녀의 손을 뿌리치고 유혹의 현장을 박차고 나갔다.

　벨레로폰테스에게 거부당한 스테네보이아는 자신의 잘못을 돌아보고 반성하기는커녕, 오히려 반대로 행동했다. 심한 모욕감을 느낀 그녀는 벨레로폰테스에게 앙심을 품고, 모든 죄를 뒤집어씌우려고 했다. 어쩌면 그녀는 벨레로폰테스가 프로이토스를 찾아가 모든 사실을 폭로할 것이 두려웠을지도 모른다. 비밀에 부치고 조용히 넘어가도 될 일이었는데, 그녀는 벨레로폰테스를 믿지 못했던 것이다. 결국 스테네보이아는 자신의 옷을 찢은 후, 프로이토스왕에게 달려가 울부짖었다. 벨레로폰테스가 침실로 들어와서 자신을 겁탈하려고 했다고, 그에게 저항하다 이 꼴이 되었노라고 거짓말을 한 것이다. 서슬 시퍼렇게 격노한 프로이토스는 벨레로폰테스를 당장 죽이겠다고 날뛰었다.

적반하장도 유분수지, 벨레로폰테스는 참으로 어이가 없었다. 스테네보이아의 뻔뻔하고 교활한 태도에 분노가 치솟아 올랐다. 하지만 프로이토스가 자신의 말보다는 스테네보이아의 말을 더 믿을 것이라고 예측하고, 분루를 삼킬 수밖에 없었다. "믿지 않겠지만, 저는 한 번도 그런 마음을 품지 않았고, 그런 행동을 하지 않았습니다." 벨레로폰테스의 차분하지만 단호한 항변에 프로이토스는 혼란스러웠다. 그럴수록 스테네보이아는 더욱더 거세게 프로이토스를 충동하였고, 프로이토스는 엇갈리는 두 사람의 진술 사이에서 올바른 판단을 내릴 수가 없었다.

프로이토스는 벨레로폰테스를 직접 죽이는 대신, 장인 이오바테스왕에게 그를 보냈다. 그리고 편지 한 통을 전하라 명령했고, 절대로 그 편지를 펼쳐 보지 말라고 당부한다. 그 내용은 충격적인 것이었다. "장인어른, 이 편지를 가져온 자를 즉시 죽이십시오." 벨레로폰테스가 정말 잘못을 했다면 신들이 그를 버릴 것이고, 결백하다면 살아날 것으로 생각했던 것이다. 그러나 편지를 받은 이오바테스왕도 무작정 그를 죽일 수는 없었다. 대신 그에게 위험천만한 미션을 부과했다. 사자의 머리에 염소의 몸통, 뱀의 꼬리를 가지고 불을 뿜어 내는 괴물, 키마이라를 처치하라는 것이었다. '만약 이 청년이 죽을죄를 졌다면 괴물에게 죽을 테고, 결백하다면 신의 가호를 받아 괴물을 처치할 것이다. 그 덕에 나라를 망치는 괴물을 없앤다면 나로서도 손해 볼 것은 없지.'라고 생각했던 것이다. 참으로 슬기로운 조치가 아닐 수 없다.

지시를 받은 벨레로폰테스는 막막했다. 무시무시한 괴물과 맞서 싸워 이길 자신이 없었고, 싸우다가 자칫 괴물에게 죽을지도 모른다고 생각하니 두려웠으며, 더욱더 억울했다. 하지만 이 임무는 살인죄를 씻어 낼 정화의 기회이기도 했다. 벨레로폰테스는 피할 수 없는 길이라 믿고, 죽음을 각오하고 그 임무를 수행하기로 했다. 실패하더라도 신들은 자신의 죄를 용서해 주리라 생각했다. 다행히 신들은 고귀하고 용감한 결정을 한 그를 버리지 않았다. 아테나 여신은 벨레로폰테스가 페가소스를 타고 싸울 수 있도록 도와주었다. 벨레로폰테스는 날개 달린 말 페가소스를 타고서 마침내 괴물을 물리쳤다. 불가능할 것만 같았던 임무를 성공한 뒤, 벨레로폰테스는 금의환향할 수 있었다.

그렇게 그는 스테네보이아 때문에 뒤집어썼던 폭행의 혐의에서 벗어났을 뿐만 아니라, 지난날의 살인죄도 씻어 냈다. 반면 그를 모함했던 스테네보이아는 모든 사실이 드러날 것이 두려워 스스로 목숨을 끊었다고 한다. 벨레로폰테스는 오해와 역경에도 굴하지 않고, 자신의 고귀한 품성과 용기와 정의를 믿고 흐트러짐 없이 행동했다. 그리고 마침내 모든 이들이 존경하고 칭송하는 영웅으로 우뚝 설 수 있었다.

그러나 참 이상하다. 그리스 로마 신화는 벨레로폰테스의 이야기를 사필귀정, 고진감래의 표본으로만 전해 주지 않았다. 흠잡을 데 없는 삶을 살아온 그의 말년이 이해할 수 없는 몰락으로 끝나기 때문이다. 그는 사람들이 보내는 칭송에 우쭐해졌기 때문인지, 자신의 삶에 대해 지나친 자신감 때문이었는지, 자기가 신들의 반열에 오를 자격이 있다고 믿는 오만을 범했다. 페가소스를 타고 하늘로 치솟아 올라 제우스가 사는 올림포스 정상으로 올라가려고 했던 것이다. 그 모습을 본 제우스는 분노해서, 쇠파리 한 마리를 보내 페가소스의 엉덩이를 쏘게 했다. 깜짝 놀라 날뛰는 페가소스의 등에서 벨레로폰테스는 견디지 못하고 땅에 떨어져 죽었다고 한다. 이 얼마나 어이없는 몰락이고 허망한 죽음인가? 그리스 로마인들은 이 신화를 통해 무엇을 말하고 싶었던 것일까? 어떤 성공에도 자만하지 말고 끝까지 자중할 것을 경고하는 한편, 대단한 성취를 이룬 사람에게도 뜻하지 않는 허망한 몰락은 언제든 찾아올 수 있음을 암시한다. 인생은 우리가 이해할 수 없는 일들로 가득하다는 메시지와 함께.

파에톤의 추락

파에톤은 아프리카 땅 아이티오피아, 영어로는 에티오피아의 왕자였다. 그러나 그는 그곳을 다스리던 메롭스왕의 아들이 아니라 태양의 신 헬리오스의 아들이었다. 그리스 로마 신화에서 태양의 신은 보통 아폴론으로 알려져 있지만, 아폴론이 태어나기 전에 태양을 관장하던 신은 헬리오스였다. 제우스가 세계를 제패하고 아폴론이 태양의 주도권을 갖게 되었지만, 태양을 실제로 움직이는 일은 여전히 헬리오스의 몫이었다. 파에톤을 낳은 클뤼메네는 출생의 비밀을 아들에게 알려 주면서, 태양신의 아들로서 자부심을 느끼고, 말과 행동을 조심하라고 당부했다. 파에톤은 당당하고 의연한 모습으로 성장했다.

그런데 파에톤의 자부심은 친구이자 친척인 에파포스를 만날 때마다 깊은 상처를 입었다. 에파포스는 이웃 나라 아이깁토스, 영어식으로는 이집트의 왕자였는데, 그는 제우스의 아들이었다. 제우스와 헬리오스가 4촌 형제였으니, 파에톤과 에파포스는 6촌 형제인 셈이다. 그러나 에파포스는 파에톤이 헬리오스의 아들이라는 사실을 인정하지 않고 파에톤을 무시했다. "네가 태양의 신 헬리오스의 아들이라고? 너는 네 어머니의 말을 그대로 믿는 거냐? 어리석은 녀석, 정신 차려라. 나랑 자꾸 맞먹으려고 하지 마라. 나는 제우스의 아들이니까." 에파포스가 제우스의 아들이라는 사실은 널리 공인되었던 것에 비해, 파에톤의 출생은 널리 알려지지 않았기 때문에 파에톤은 매번 억울하게 당할 수밖에 없었다.

어느 날, 파에톤은 굳게 결심했다. '내가 이렇게 계속 무시를 당하면서 살 수는 없다. 정말 태양신의 아들인지, 직접 찾아가서 확인해야겠다.' 어머니 클뤼메네도 아들의 마음을 존중했다. "애야, 지금 우리 위에서 찬란하게 빛나는 태양의 신 헬리오스는 너의 아버지가 분명하다. 그래, 더는 모욕을 참지 마라." 그리고 헬리오스의 궁전이 있는 곳을 가르쳐 주었다. 험하고 먼 길이었지만, 파에톤은 이를 악물고 험한 여정을 견뎌 내며, 동쪽을 향해 몇 날 며칠 쉬지 않고 걸어갔다. 용기 있는 결단이며 행동이었다.

마침내 헬리오스의 궁전에 다다르자 헬리오스는 파에톤을 반가이 맞이했다. 그는 장성한 아들을 보고 가슴이 뭉클해져 어떤 소원이라도 들어주겠다며 이승과 저승을 가르는 스튁스강에 대고 맹세했다. 그러자 파에톤이 용기를 내어 입을 열었다. "아버지, 저를 환영해 주시니 감사합니다. 제가 아버지의 아들이라는 것을 다른 사람들도 알게 해 주십시오. 태양 마차를 하루만 몰아 보고 싶습니다."

어떤 소원이라도 들어주겠다 약속했지만, 막상 아들의 소원을 들은 헬리오스는 아연실색했다. 태양 마차는 날개 달린 거친 천마 네 마리가 끄는 거대한 마차로 태양 마차를 타고 하늘을 달리는 일은 아주 위험했다. 제우스조차도 태양 마차를 모는 것을 두려워했을 정도였으니까. 깜짝 놀란 헬리오스는 파에톤에게 그 소원 대신 다른 소원을 빌라고 애원했지만, 파에톤은 물러서지 않았다. 하늘 높이 마차를 몰고 에파포스의 머리 위로 날아가 그에게 받은 모욕을 씻어 내고 싶었던 것이다. 헬리오스는 아들의 비극적인 운명이 눈앞에 선하게 떠오르자 가슴이 답답하고 찢어지는 것만 같았다.

그러나 파에톤은 결코 소원을 물리지 않았다. 그는 목숨을 걸고 명예를 지키는 쪽의 선택을 고수했다. 헬리오스도 단념하고는 파에톤에게 태양 마차의 말들을 다루는 방법과 동쪽에서 서쪽까지 가는 경로와 그 밖의 모든 주의사항을 가르쳐 주었다. '아무리 위험한 마차라고는 하지만, 그래도 내 아들이니 잘 해낼 거야.'라는 믿음으로 그를 엄습한 걱정을 밀어내려고 했다. 헬리오스의 믿음대로 잘 되었을까? 아니었다. 파에톤이 태양 마차를 타고 출발하는 순간부터, 파에톤은 말들을 통제할 수가 없었다. 말들이 멋대로 하늘을 휘저으면서 너무 높이 올라가자 대지는 꽁꽁 얼어 버렸고, 반대로 대지에 너무 가까워지자 온통 불바다가 되었다. 사람과 동물들은 불길을 피해 달아났고, 애써 가꾼 곡식과 과일들은 잿더미가 되었다. 태양 마차 위에서 정신을 못 차리고 있던 파에톤이 불길 속에서 헤매고 있던 에파포스와 눈이 마주쳤다. 두 사람은 겁에 질린 채 서로를 응시했다. 아마 둘 다 크게 후회했을 것이다. 에파포스는 친구를 무시하고 우월감을 즐기던 탓에 큰 재앙에 직면하게 된 사실을 깨닫고 뼈저리게 후회했을 것이다. 반면 파에톤은 아버지에 대한 진실을 확인하고도, 친구에게 당한 모욕을 씻어 내겠다고 무모한 도전을 감행한 것을 통한했을 것이다.

제우스는 지상에서 벌어진 엄청난 비상사태를 해결하기 위해 태양 마차를 향해 번개를 던졌다. 마차가 박살이 나면서 파에톤은 땅으로 떨어져 죽었다. 강과 물의 요정들은 파에톤의 시신을 수습해 무덤을 만들어 주고 묘비에 이렇게 적었다. "여기 파에톤 잠들다. 아버지의 마차를 몰던 그는 비록 그것을 제어하지 못했지만, 큰일을 감행하다 떨어졌도다." 옛 그리스 로마 사람들은 파에톤의 무모한 도전을 일방적으로 비난하지 않고, 자신의 한계를 넘어서려는 그의 도전에 일정 부분 긍정적인 공감을 표한 것 같다. 비록 추락했지만, 명예를 지키려고 했던 그의 의지와 도전을 두려워하지 않고 시도했던 용기를 높이 산 셈이다. 그러나 파에톤에 대해 큰 아쉬움이 남는 것은, 자신의 분수를 아는 지혜와 중용의 미덕 또한 용기 있는 도전에 못지않게 삶에서 중요하기 때문이다.

이카로스의 추락

다이달로스는 아테네의 최고 천재 기술자였는데, 대장장이 신 헤파이스토스의 직계 후손이었다. 헤파이스토스의 피를 받아서인지, 그는 놀라운 실력의 건축가이자 발명가였다. 그러나 제자로 삼은 그의 조카가 점점 자신의 실력을 능가하는 솜씨를 보이자, 질투심에 불타서 아크로폴리스 정상의 성벽에서 그를 밀어버렸다. 조카는 비명횡사하고 말았다. 다이달로스는 후회했지만, 이미 돌이킬 수가 없었다. 결국 살인죄로 아테네에서 추방되어 크레타섬으로 쫓겨나게 되었는데, 크레타의 미노스왕은 그를 환영해 주었다. 다이달로스는 그에 보답이라도 하듯 크레타에 필요한 건물과 물건들을 만들었다. 미노스왕의 아내 파시파에도 다이달로스에게 특별한 도움을 받았다. 그녀는 포세이돈이 내려 준 흰 황소를 보고 사랑에 빠졌는데, 다이달로스가 나무와 가죽으로 만들어 준 가짜 암소에 들어가 욕망을 채울 수 있었다. 그 때문에 파시파에는 황소 얼굴에 사람의 몸을 가진 미노타우로스를 낳았다.

미노타우로스가 성장하자 사람들을 잡아먹는 끔찍한 괴물이 되었다. 미노스는 다이달로스에게 괴물을 가둘 수 있는 건물을 지으라고 명령했다. 다이달로스가 누구든 한 번 들어가면 다시는 나올 수 없는 미로의 궁전, 라비린토스를 짓자 미노스는 그곳에 미노타우로스를 가두고 처녀와 총각들을 공물로 받아 괴물의 먹이로 넣어 주었다. 미노스왕은 다이달로스에게 고맙다며 나우크라테라는 아름다운 여종을 아내로 주었다. 둘 사이에 아들이 태어났는데, 그가 이카로스이다.

십수 년이 흐른 후, 미노스의 딸 아리아드네 공주도 다이달로스에게 도움을 청했다. 아테네의 왕자 테세우스가 미노타우로스를 물리치기 위해 크레타에 왔는데, 아리아드네 공주가 그를 보고 사랑에 빠졌던 것이다. 다이달로스는 아리아드네에게 테세우스가 미노타우로스를 물리치고 미궁을 탈출할 방법을 알려 주었다. 아리아드네는 테세우스에게 청혼을 했고, 수락하는 조건으로 탈출 방법을 알려 주겠다고 했다. 테세우스는 수락했고, 아리아드네가 건네준 실타래의 실을 풀면서 미로 속으로 들어가 괴물을 물리친 뒤, 실타래를 다시 감으면서 미로의 궁전을 무사히 빠져나왔다. 약속대로 테세우스는 아리아드네 공주를 데리고 크레타를 떠났다.

모든 사실을 알게 된 미노스왕은 분노하며 다이달로스와 그의 아들 이카로스를 미로의 궁전에 가두었다. 탈출을 궁리하던 다이달로스는 마침내 탈출 방법을 찾아냈다. '날 수만 있다면 이곳을 빠져나갈 수 있겠구나!' 그는 현실의 답답한 문제에 굴복하지 않고, 자신을 가두는 틀을 깨치고 나갈 방법을 과감하게 상상했고, 최선을 다해 실천했다. 이와 같이 지금까지 다이달로스가 보여 준 탁월함은 틀을 깨는 독특한 상상력과 과감한 도전 정신에서 나온 것이라 할 수 있다. 다이달로스는 이카로스와 함께 새의 깃털을 모아 실로 엮고, 밀랍을 붙여 새의 날개 같은 두 개의 날틀을 완성했다. 하나는 아들의 등에 달아 주었고, 다른 하나는 자신의 등에 입었다.

다이달로스는 이카로스에게 말했다. "아들아, 내 날갯짓을 보고 잘 따라 해라. 가장 중요한 것은 높이다. 너무 낮게 날면 날개가 바닷물의 습기를 먹어 무거워 떨어진다. 너무 높게 날면 햇빛에 밀랍이 녹고 깃털이 타버릴 것이다. 중간을 유지하고 내 뒤를 잘 따라와라." 그리고 둘은 하늘로 날아올랐다. 땅에서 발이 떨어지고 몸이 공중에 뜨자, 두 사람은 두려웠다. 다이달로스가 조심스럽게 공중을 날아가면, 이카로스는 신중하게 그 뒤를 따라갔다. 두 사람은 자신들 아래 펼쳐진 풍경을 보았다. 자신들이 빠져나온 미로의 궁전과 미노스왕의 궁전도 보였다. 왕궁에 있던 모든 사람은 하늘을 유유히 나는 다이달로스 부자를 보고 놀라움과 부러움의 탄성을 질렀다.

다이달로스는 빨리 크레타섬을 벗어나 안전한 곳으로 가야겠다는 생각이었지만, 이카로스는 달랐다. 하늘을 나는 것에 상쾌함을 느끼면서 좀 더 과감하게 날고 싶어졌다. 아버지보다 높이 날기도 하고, 자맥질하듯 아버지보다 더 낮게 날면서 곡예비행을 감행했다. 사람들의 감탄과 환호성은 더 커졌고, 그럴수록 이카로스는 더욱더 과감한 비상을 시도했다.

뒤를 돌아보던 다이달로스는 기겁했다. "이카로스, 위험하다. 높이를 지켜라!" 그러나 이카로스의 귀에 아버지의 외침은 괜한 잔소리처럼 들렸다. '아무렇지도 않은데, 왜 저렇게 겁을 내실까?' 이카로스의 눈에는 조심스럽게 날아가는 아버지가 답답하고 소심한 겁쟁이처럼 보였다. 어떻게 되었을까? 이카로스는 아버지의 궤도로부터 멀리 벗어나 치솟아 오르다가 태양 가까이 다가섰고, 그의 날개가 뜨거운 햇살에 녹아내리자, 힘없이 추락하여 바다에 빠져버렸다. 이 바다를 이카로스의 이름을 따서 지금도 '이카리아 해'라고 부르고, 그가 묻힌 섬을 이카로스 섬이라고 부른다.

이 신화의 메시지는 적절한 높이를 지킨다는 것의 중요성이다. 우리가 갖게 된 부와 권력, 명예는 이카로스의 날개와 같다고 할 수 있다. 이 모든 성취와 소유에 취해 정도 이상으로 우쭐한다면 이 신화 속의 이카로스처럼 날개가 녹아내려 추락하고 말 것이다. '많이 가질수록 낮아지고 겸손해야 한다, 분수를 알고 자족해야 한다, 너무 나대지 마라'라는 말을 많이 하고, 많이 듣는다. 인생의 지침이 될 훌륭한 교훈이긴 하다. 그러나 이 신화는 이런 교훈이 가질 수 있는 또 다른 위험성도 함께 경고한다. 이카로스가 적절한 수준보다 더 낮게 날았다면 어떻게 되었을까? 겸손하고 분수를 알며 자족하는 사람이라고 칭찬을 받았을까? 아니다. 날개가 습기를 먹어 또 다른 추락의 신화를 만들었을 것이다. 너무 낮지 않게, 너무 높지 않게, 적절한 수준의 비행이 가장 아름답다는 것을 이카로스의 추락은 이야기하고 있는 것이다.

5장

도래한 영웅, 도래할 영웅
—임경업과 『임경업전』

손애리

18세기 후반 종로의 담배 가게에서 소설을 읽어 주던 전기수傳奇叟 (이야기책을 전문적으로 읽어 주던 사람)가 낭송 도중 살해되는 일이 벌어졌다. 소설 속 영웅이 모함을 당해 억울하게 죽는 장면에서 그에게 한껏 감정을 이입한 청중이 분을 참지 못하고 연초를 썰던 칼로 전기수를 찔러 죽인 것이다. 이 살인 사건은 『정조실록』에 간접적으로 언급되기도 하고, 이덕무나 심노숭 같은 당대인들의 문집에 기록되어 당시의 충격을 전하고 있다. 이야기와 현실을 구분하지 못하고 살인을 저질렀다는 점에서 허망하고 당혹스러운 일로 얘기되었지만, 동시에 소설 주인공과 자신을 동일시하여 악인에 대한 분노로 저질러진 살인을 어떻게 평가해야 하느냐는 질문도 제기되었다.

전기수가 읽던 소설은 바로 조선 인조조朝에서 활약한 장군인 임경업林慶業(1594~1646)을 주인공으로 하는 『임경업전』이었다. 임경업은 병자호란의 항복으로 두 차례 청나라를 위해 출병하여 명나라를 치는 일을 도와야 했으나 명과 내통하여 거짓 전투를 벌이고, 이것이 들통나 청에 압송되는 도중 명나라로 도망한 이력이 있다. 결국 청나라에 잡혀갔지만 심기원 역모 사건에 이름이 나오면서 조선으로 이송되고, 김자점이 자신도 심기원 사건에 연루될까 두려워하여 임경업을 죽게 했다. 이처럼 병자호란 및 명·청 교체기라는 중차대한 역사적 사건과 시간을 관통한 임경업의 파란만장한 인생 여정은 그 자체로도 흥미롭지만, 『임경업전』이라는 소설을 통해 더욱 극적으로 형상화되었다.

그런데 담배 가게 살인 사건이 일어난 18세기 후반은 임경업 사후 약 150년이 흐른 뒤의 일이었다. 당대도 아니고 오랜 시간이 지난 후인데도 임경업은 어떻게 사람들의 마음을 사로잡는 영웅으로 자리잡을 수 있었을까? 소설이라는 장치에 힘입은 바가 크다고 할 수 있지만, 그는 어떤 공로와 업적이 있기에 150년이 지난 시대에도 널리 읽히고 추앙될 수 있었을까? 역모 사건에 연루되어 죽은 임경업이라는 인물에 대한 열광은 어떻게 생겨난 것일까?

『임경업전』의 주인공과 실제 임경업의 거리

한문과 국문으로 쓰인 『임경업전』은 늦어도 17세기 후반에 형성되어 18세기에 민간에서 널리 유행했다. 병자호란 전후를 배경으로 하여 임경업이라는 실제 인물을 주인공으로 내세우고 당시 사람들의 이름도 실명으로 등장한다. 정조가 편찬을 명한 임경업의 전기인 『임충민공실기林忠愍公實記』 및 관찬사서 등의 기록과 대조했을 때 대략적인 이야기는 일치하지만 허구적으로 가미된 부분 또한 상당히 많다. 대체적인 줄거리는 다음과 같다.

충청도 충주 달천촌에서 태어난 임경업은 18세에 무과에 급제하고 백마강 만호가 된다. 이어 천마산성을 축조하는 일을 감독하고, 중국에 사신으로 가는 이시백을 수행한다. 이때 마침 호국胡國이 가달假㺚(변경 지대를 떠돌던 명나라 유민)의 침략을 받고 명나라에 구원을 청한다. 명나라의 군주는 마땅한 장수를 찾지 못하던 차에 임경업에게 이 일을 부탁하고, 임경업은 청병대장이 되어 호국을 돕는다.

이후 호국은 명나라를 능가해 강성해지고 조선을 침략한다. 임경업은 의주 부윤이 되어 호국의 침입을 저지시킨다. 호국이 복수를 위해 다시 침략하는데, 이번에는 임경업을 두려워하여 임경업이 있던 의주를 피해서 멀리 함경도로 돌아 도성을 공격한다. 그렇지만 조선 국왕은 남한산성에서 항복한다.

의주에 있던 임경업은 뒤늦게 항복 소식을 듣고 회군하는 적을 공격하려 하지만, 인질로 잡혀가던 세자와 대군의 만류로 할 수 없이 길을 열어 준다. 호국은 명나라를 치기 위해 임경업을 대장으로 삼아 병력을 보낼 것을 요구한다. 김자점도 임경업을 적극적으로 추천한다. 임경업은 어쩔 수 없이 전투에 임하지만, 명나라에 대한 의리를 지키고자 명나라 장수와 내통하고 거짓 항서를 올리게 한다. 나중에 이 사실을 알게 된 호국의 왕은 임경업의 호송을 요청하지만, 임경업은 호송 병사를 죽이고 승려로 위장해 명나라로 도망한다.

　임경업은 명나라 군대와 협력해 호국을 정벌하고자 하였으나, 함께 간 조선의 승려 독보의 배신으로 결국 호국에 잡혀간다. 호왕은 오히려 임경업의 기개와 충의에 감복하고, 임경업의 요청대로 세자 일행과 임경업을 모두 조선에 송환시켜 준다. 김자점은 임경업의 귀환 소식을 듣고 자기의 죄가 들통날까 두려워 왕을 알현하고 나오는 임경업을 죽인다. 왕은 꿈속에 나타난 임장군을 보고 김자점을 잡아 처형하고 임장군의 충의를 포상한다.

『임경업전』은 여러 이본異本이 있지만 이본 간 차이가 크지 않다. 대부분 소년기의 행적, 무과급제와 관직 진출, 호국을 도와 가달과의 전쟁에서의 활약, 귀국과 호국 침입의 격퇴, 병자호란시의 활약, 호국 파병과 피섬 원정, 거짓 전투의 들통과 호국으로의 압송, 명나라로의 망명, 호국 포로 기간의 행적, 귀환과 김자점으로 인한 죽음, 후일담의 내용으로 구성되어 있다.

　그렇다면 이와 같은 『임경업전』의 내용은 임경업의 실제 모습과는 얼마나 차이가 있을까? 어린 시절 및 그의 비상한 능력에 대한 이야기는 차치하더라도, 역사적 사실은 다른 부분이 상당히 많다. 우선 명나라에 사신으로 가서, 명의 요청으로 가달을 격파해 호국을 도운 것은 사실이 아니다. 호국의 침입을 격퇴한 일도 없다. 또 볼모로 잡혀 있던 세자와 대군을 귀국시킨 일도 없다. 이런 일들은 병자호란 전후에 겪었던 참상과는 완전히 반대되는 내용이다. 또한 임경업의 귀환은 심기원 역모 사건과 연루되어 조선에서의 요청으로 이루어진 것이었다. 『임경업전』의 허구적인 부분은 흥미를 돋우기 위해 가공된 것이지만, 당시 사람들의 정치·사회적 염원을 반영한 측면이 컸을 것이고, 이것이 『임경업전』이 인기를 얻은 요인일 것이다.

임경업이 소설에서 영웅으로 그려진 측면과 달리 실제 역사에서는 평가가 엇갈린다. 소설에서처럼 호국에 파병되어 명나라 군대와 전투를 수행하면서 명나라 장수와 내통하여 전투를 무력화시켰던 일이 실제 있었는데, 이 일이 발각되어 청나라는 임경업을 압송시킬 것을 요구했다. 이때 임경업은 도중에 몰래 도망하여 배를 타고 명나라로 망명하였고 이 일은 조선 정부를 곤란하게 만들었다. 이후 이 사건은 '대명의리大明義理'라는 이름으로 포장되었지만, 당시에는 외교적으로 큰 손실을 끼쳤다.

실제로 숙종이 임경업을 신원伸寃하고자 할 때 우의정 최석정은 임경업이 서쪽 변경에서 공적을 세웠다는 것을 인정하면서도, 청나라로 호송될 때 죽음을 무릅쓰고 나아가지 않고 계교를 부려 도망한 일은 애초의 명분과 의리를 변질시키고, 결국 나라에 근심과 해를 끼쳤다고 평했다. 최석정은 임경업과 함께 청나라에 호송되던 최명길의 손자이다. 청나라 눈치를 봐야 했던 당시의 조정에서는 이와 같은 인식이 대다수였다. 특히 인조는 "말이 실제보다 지나친 자는 반드시 일을 망치고 만다는 것은 경업을 두고 한 말이다. 처음에는 큰소리를

치다가 결국에는 도주했으니, 어찌 사람의 도리인가"라며 원망하기
도 했다.

국가의 영웅 만들기 프로젝트

이처럼 압송 도중 도망을 통해 나라를 곤란하게 만들었다는 사실
외에도, 임경업은 역모 사건에 연루되었다. 이후 조작된 것으로 판명
되었지만 당시 임경업은 대역 죄인으로서 모든 관작이 삭탈되었다.
그러나 약 반세기의 세월이 흐르면서 임경업에 대한 재평가가 이루
어지기 시작한다. 우선 1689년에 송시열과 이재, 황경원과 같은 사대
부 문인들이 임경업에 대한 전傳을 쓰고 그를 만고의 충신이자 조선,
명, 청 삼국에서 활약한 명장으로 칭양하기 시작했다. 이와 더불어 국
가적인 차원에서 임경업의 신원 작업이 이루어졌다.

우선 숙종은 임경업의 관직과 명예를 회복시키고(숙종 23, 1697) 이
후 충민忠愍이라는 시호를 내렸다. 임경업이 역적모의에 가담하지 않
았다는 상황은 이미 확인되었고, 또 도망하여 중국으로 망명하여 어
떤 성과를 내지는 못했다 하더라도 뜻은 명나라를 도와 '춘추대의春秋
大義'를 실천했다는 것이 복권의 이유이다. 이후 영조조朝에는 사당을
지어 임경업을 추모했으며(영조 2, 1726) 정조는 임경업의 일생을 기
록한 『임충민공실기』(정조 15, 1791)를 편찬하게 했다. 이로써 사후 약
50년부터 150년에 이르기까지 임경업은 나라를 위험에 빠뜨리고 역

5장 임경업과 『임경업전』

적의 모의에 가담했다는 죄명에서 벗어나 공식적으로 완전한 사면복권이 이루어지고, 국가적 영웅으로 재탄생하게 되었다.

이런 배경에는 패전의 상처를 씻고 정권을 유지하려는 지배층의 바람이 자리하고 있다. 특히 효종조[孝] 이후 대거 등용된 산림 세력은 북벌론의 기치를 내세우며 숭명배청崇明背淸 사상을 강화하고자 했다. 청에 파병되어 명나라와 싸워야 했지만 거짓으로 전쟁을 수행해 명나라를 돕고자 했고, 이것이 발각되어 청나라에 압송되었던 임경업의 이야기는 이들에게 충분히 매력적이었다. 당시 이런 사상을 고취하고자 했던 산림 세력의 대부인 송시열이 임경업을 '선택'했고, 이후 임경업은 공식적으로 복권되어 국가의 영웅으로 추대된다.

간절히 원하지만, 현실에는 없는 영웅

일반 백성들이 임경업을 기리고 영웅화하는 작업은 특정 사상과 이념을 주조하려는 목적을 가진 지배층의 방식과는 달랐다. 민간에서는 뛰어난 능력을 소유하고 선정을 베푸는 관리이자, 병사들을 아끼고 위로하는 장군의 모습이 부각되어 설화나 소설의 형식으로 전해졌다. 『청구야담』 등을 비롯해 현재 전해 오는 설화와 야담집에는 임경업의 출생과 어린 시절, 지방관 재직 시절, 명나라 망명, 죽음 등에 관한 다양한 설화가 많이 수록되어 있으며, 지역적으로도 경기, 충남, 충북, 전남, 경북, 강원, 제주 등 전국적으로 분포되어 있다.

설화에서 임경업은 어린 나이부터 힘이 장사였다거나, 공부할 때는 매일 아침 식사 전에 속리산을 한 바퀴 돌았다거나, 백성들을 위해 하룻밤 사이에 다리를 놓고 성을 쌓는다거나, 골치 아픈 문제에 대해서도 척척 명판결을 내리는 초월적 능력자로 등장한다. 심지어 일제 강점기 때 것으로는 일본인이 임경업의 사당을 없애고 신사를 지으려 하자 일본인 관리의 꿈에 나타나 이를 막아 냈다는 이야기도 전해진다. 즉 설화에서 임경업은 신체적으로든 지적으로든 뛰어난 능력을 소유했으며, 죽은 후에도 영험한 능력을 발휘하는 존재로 그려지고 있다. 탁월하고 영험한 능력을 소유하고서 나라와 백성을 위해 일했지만, 간신의 모략으로 역모 사건에 휘말려 억울하게 죽었다는 사실은 사람들의 동정과 연민을 자아냈다. 그래서 임경업은 민간신앙에서 신격화되어 마을의 수호신으로 모셔지거나, 억울한 사람의 영혼을 달래는 진혼굿에서도 자주 등장한다.

흥미롭게도 임경업과 관련한 민간 신앙은 서해안 지역에서 특히 활발히 형성되어 있다. 물론 임경업의 고향인 충주와 그의 부임지인 전라남도 낙안 지역과 같은 내륙에도 존재하지만 주로 서해안 지역에 형성되어 있다. 민간신앙에서는 최영 장군이나 남이 장군처럼 억울하게 죽은 장군을 신으로 모시는 경우가 있으므로 임경업 장군도 그 일환으로 생각할 수 있지만, 왜 유독 서해안 지역일까? 서해안 지역에서 임경업이 민간 신앙의 대상으로 전승된 것은 임경업이 청으로 호송되기 직전에 도망하여 명으로 밀항할 때의 일과 관련이 있다.

전해지는 설화에 따르면 임경업이 연평도를 지나며 조기 잡는 법을 가르쳤다고 한다. 함께 밀항하는 부하들에게 가시나무를 꺾어 바다에 놓아두게 하였더니 다음날에 가시나무에 조기가 많이 걸려 있었다는 것이다. 이후 연평도 지역에서는 이 방법을 사용해 조기잡이를 시작했다고 한다. 실제 연평도는 우리나라 3대 조기 어장으로 꼽혔으며, 배 위에서 조기를 거래하는 연평도 조기 파시는 1960~1970년대까지도 성황이었다. 5~6월 조기잡이 철이 되면 수백 척의 어선들이 연평도를 찾는데, 임경업이 모셔져 있는 사당인 충민사에 들러서 고사를 지내고 출항했다. 배에는 임경업이 그려진 깃발을 달고 다니면서 임경업에게 항해의 안전과 수확의 풍요를 빌었다.

명나라에 대한 의리를 지켰다는 것만으로는 일반 백성들의 열광을 자아낼 수 없다. 어려서부터 글공부와 무예뿐 아니라 농업에도 힘쓰고, 관리로 일할 때는 지역 백성들의 농사일을 돕고, 또 전쟁에 나가서는 병사들을 위로하고 승리의 상금을 병사들에게 나눠주며, 명으로 망명하는 위급한 순간에도 섬사람들에게 조기 잡는 법을 알려주는 임경업이라면 사정은 다르다. 백성들은 왕과 국가를 위한 충신일 뿐 아니라 자신들을 위해서도 헌신하는 민중의 영웅이 필요했다. 송시열을 위시한 국가 지배층이 북벌정책과 대명의리 사상의 고취를 위해 임경업을 이용하고자 했다면, 일반인들은 자신들의 고통을 헤아려 주고 생계를 도와주는 민중적 영웅을 임경업에 투사하고자 했다.

요컨대 국가의 정책만으로는 임경업이 이렇게까지 대중적인 영웅으로 자리 잡을 수는 없었을 것이다. 국가의 정책과는 별개로 지역마다 만들어져 전승되는 이야기 및 한문과 국문 소설은 당시 사람들의 염원을 담아 임경업을 뛰어난 문무의 능력을 겸비했음에도 불구하고, 간신배의 모략으로 억울하게 죽은 사람으로 재탄생시켰다. 병자호란의 고통스러운 기억과 오랑캐 청나라에 대한 분함은 시간이 흐를수록 강화되고, 간신과 모리배들은 여전히 득세하고 있다. 이런 세상에서 병자호란 때 활약하며 호국을 혼내 주고 백성과 군사를 위해 일하다가 간신의 계략으로 죽은 인물로 그려진 임경업은 당시 사람들이 절실히 원하고 바랐던 영웅의 모습이다.

도래할 영웅, 이미 도래한 영웅

『임경업전』에는 그 흔한 사랑 이야기도 나오지 않고, 해피엔딩도 아니다. 당시 인기 소설의 문법을 따르고 있지 않지만, 많은 사람에게 인기를 끌었다. 박지원의 『열하일기』에는 관우를 모신 사당인 관제묘 근처에서 『서상기』를 외고 있는 사람을 보면서 우리나라 네거리에서 『임장군전』을 외는 모습과 비슷하다는 기록이 있는데, 이로부터 당시의 임경업과 『임경업전』의 인기를 확인할 수 있다. 또 18,19세기에 일본인의 한국어 학습서로 『임경업전』이 활용되었다는 기록은 간접적이나마 『임경업전』의 인기와 위상을 짐작게 해 준다. 또한 서양 세력이 밀려오는 19세기 후반에도 『충신임장군실기』와 같은 이본의 한문소설이 계속 쓰이고, 일제식민지 때에도 『임경업전』이 신문에 연재되었다. 서양 열강이나 일본 제국주의 등 외부의 적이 나올 때마다 사람들은 임경업과 같은 영웅의 출현을 고대했던 것이다.

그러나 지금까지 본 것처럼 영웅 임경업은 실제 인물 임경업만의 소산이 아니다. 조선은 임경업 사후 약 50년 이후부터 임경업을 재평가하고, 국가 차원에서 임경업을 기리는 작업을 펼쳤다. 시호를 내리고 사당을 건립하고 전기를 편찬하는 작업이 이후 100여 년에 걸쳐 이루어졌다. 승산이 없는 전투를 치밀한 전술을 통해 승리로 이끌었다거나 전장에서 고군분투하다가 죽은 것도 아닌 장수를 불러내어 조선과 명, 청 삼국을 누비며 싸우고 춘추대의의 가치를 실현한 충신으로 재탄생시켰다.

일반 백성들 사이에서는 병자호란의 기억이 전승되어 청나라는 여전히 '되놈', 오랑캐이고 우리나라를 침략하고 핍박한 나쁜 나라였다. 북벌이 아니라 북학이 대세가 되던 18세기에도 이런 인식은 유효했다. 이에 더하여 일반 백성들은 자신들을 괴롭히는 적이 외부에만 있는 것이 아니라, 내부에도 있다는 것을 알고 있었다. 자신들의 사리사욕을 채우기 위해 임금의 눈을 어둡게 하고, 충신을 내몰며 백성을 쥐어짜는 고관대작 간신배 무리가 그들이다. 병자호란 직후 '친청파'로 대표되는 김자점은 그런 간신배의 대표 인물로 자리 잡아 이후에도 계속 악인의 대명사로 사람들의 입에 오르내렸다. 『임경업전』은 백성들이 가장 미워하는 두 세력인 청나라 오랑캐와 간신배 김자점을 담아내고, 이 두 개의 적이 임경업을 고난에 빠뜨려 결국 임경업을 죽음에 이르게 했다고 서술하고 있다. 임경업의 고통과 죽음 속에서 백성들은 자신들의 모습을 발견할 수 있었을 것이다.

현실의 패배와 고통도 소설에서는 승리와 즐거움으로 바뀔 수 있다. 『임경업전』을 통해 사람들은 허구이지만 임경업에 쩔쩔매는 호국을 보기도 하고, 또 간신배와 달리 일반 백성을 위하는 따뜻한 임경업을 만나기도 한다. 결국에는 청과 간신배에 의해 죽임을 당하여, 다른 영웅소설과 달리 비극적 결말이라는 점에서 임경업(전)은 사람들의 마음을 강하게 사로잡았을 것이다. 이제 더는 실제 인물 임경업과 소설 『임경업전』은 분리되지 않고, 사람들에게 인간 임경업은 『임경업전』의 영웅으로 동일시된다.

시대가 영웅을 만든다고 말한다. 여기서 시대는 영웅이 살았던 시대와 꼭 같은 시대는 아닐 수 있다. 임경업처럼 영웅화의 과정은 사후 반세기가 지나서 이루어지기도 하며, 사람들이 자신들의 욕망과 염원을 담아 영웅을 직접 만들어 내는 작업을 통해 완성되기도 한다. 우리는, 또 우리 시대는 어떤 영웅을 기다리고 있는가? 아직은 오지 않은 미래 영웅의 출현을 기다리는 것도 한 방법이지만, 이미 와 있는데도 우리가 알아채지 못했던, 고전 속에 묻혀 있는 과거의 그 누군가를 불러내는 것도 하나의 방법일 것이다.

의적에서 민중의 영웅으로
—홍길동과 『홍길동전』

김민정

누구나 다 아는,
하지만 누구도 제대로 알지 못하는 '홍길동'

한국에서 가장 유명한 이름은 무엇일까? 아마도 홍길동이 아닐까 싶다. 초등 교과서에 실려 어린이들도 익히 알고 있는 이야기이며, 관공서와 은행에서 서식 작성의 예시로 가장 많이 쓰이는 이름이기 때문이다. "아버지를 아버지라 부르지 못하고 형을 형이라 부르지 못하는" 서출 홍길동의 서러운 처지는 드라마나 개그 소재로도 많이 활용되고 있다. 활빈당이나 율도국도 귀에 익은 이름일 것이다. 하지만 『홍길동전』의 줄거리를 제대로 알고 있는 사람은 드물다. 그도 그럴 것이 『홍길동전』은 아주 다양한 이본異本이 존재하며, 어떤 판본을 읽는가에 따라 접하게 되는 줄거리와 디테일이 상당히 달라지는데, 연구자가 아닌 이상 수많은 판본을 전부 읽고 비교하기란 불가능하기 때문이다.

고소설『홍길동전』은 크게 필사본과 방각본으로 나뉘고, 방각본은 다시 판각한 지역에 따라 서울의 경판본, 전주의 완판본, 안성의 안성판본으로 나뉜다. 필사본은 일종의 도서 대여점이었던 '세책집'에서 빌려주던 세책으로, 최초의 원본에 가장 가까운 형태일 것이라고 추정된다. 방각본은 인쇄와 유통의 편의를 도모하며 세책을 축약한 것이고, 지역에 따라 독특한 내용을 추가하기도 하여 저마다 개성을 지닌다.『홍길동전』은 현재 학계에 보고된 이본만 30여 종이 넘는다.

『홍길동전』에는 "허균이 지은 최초의 한글 소설"이란 영예가 일찌감치 따라붙었다. 허균許筠을『홍길동전』의 작자라 추정하는 이유는 허균과 동시대 인물인 이식李植의 문고『택당집澤堂集』에 "허균이 또한 홍길동전을 지어 수호전에 견주었다"라는 기록이 있기 때문이다. 또한, 그는 서자들과 어울리며 차별 없는 인재 등용을 주장하였고, 억압에 대해 저항하던 그의 사상과 연결되면서, 반역죄로 처형된 허균이『홍길동전』의 저자라는 주장은 정설로 받아들여졌다.

하지만 새로운 사료들이 속속 발견됨에 따라『홍길동전』이 "허균이 지은 최초의 한글 소설"이라는 '상식'은 큰 도전을 받게 된다. 우선 허균보다 100여 년 앞선 조선 전기 문신 채수蔡壽의『설공찬전薛公瓚傳』한글 필사본이 기록으로만 존재해 오다 1997년에 발견되면서 '최초의 한글 소설'이란『홍길동전』의 위상이 흔들린다. 그리고 허균이 지었다는『홍길동전』은 실물이 전해지지 않는 데 반해, 2019년 지소芝

^所 황일호^{黃一皓}의『지소선생문집』에서 한문으로 쓰인 홍길동의 일대기 『노혁전^{盧革傳}』(노혁은 홍길동의 다른 이름이다)이 발견되면서『홍길동 전』의 작자가 허균이 아니라는 주장에 더욱 힘을 실어 주게 되었다. 이식의 기록대로 허균도『홍길동전』을 지었을 수는 있지만,『남궁선 생전^{南宮先生傳}』,『장생전^{蔣生傳}』등과 같은 허균의 다른 소설 작품이 모두 한문으로 쓰였고, 한 사람이 창작 문체를 바꾸기는 쉽지 않다는 점에 서 그것은 한문소설이었을 가능성이 농후하다.

작품의 내용상으로도 허균을『홍길동전』의 작자로 보기 힘든 부분 이 등장한다. 길동이 신분 때문에 입신출세할 수 없음을 어머니에게 한탄하는 장면에서 "옛날 장충^{張忠}의 아들 길산은 천생이었으나, 열세 살에 그 어미를 이별하고 운봉산^{雲峯山}에 들어가 도를 닦아 아름다운 이름을 후세에 남겨 전했습니다"라고 말하는데, 16세기를 살았던 허 균이 17세기 후반에 활약했던 장길산을 알 리는 만무하다. 물론 '장 길산'은 작품 배경이 '세종조 시절'이라는 설정과도 모순된다. 따라서 이를 후대에 첨가된 내용으로 볼 수도 있지만, 허균의 원본을 알 수 없는 상황에서는 어느 부분이 첨가되었는지도 알 수 없는 노릇이다.

허균이 지었다는『홍길동전』이 현재 남아있는 한글소설『홍길동 전』과 동일하다는 증거는 어디에도 없다. 여러 가지를 고려했을 때, 현재 전해지는 한글『홍길동전』은 18세기 후반~19세기 중반 이후의 창작이며, 허균이라는 한 지식인의 작품이 아니라 서민들의 집단 창 작의 산물로 보아야 할 것이다.

자신의 한계를 극복하고
율도국의 왕이 된 영웅 홍길동

홍길동의 가장 대표적인 행적은 '활빈당'의 행수가 되어 "조선 팔도를 다니며 각 읍 수령에게 의롭지 못한 재물이 있으면 탈취하고, 몹시 가난하고 의지할 곳 없는 자가 있으면 구제"한 일일 것이다. 실제로 구한말 홍길동의 후예를 자처하며 외세 구축과 빈민구제를 모토로 활빈당을 표방한 비밀결사 단체가 생겨나기도 했다. 영웅은 다양한 범주로 유형화할 수 있는데, 홍길동 정도면 도적도 영웅이 될 수 있다. 남의 물건을 훔치는 일은 범죄지만, 그 대상이 부정하게 재물을 축적한 탐관오리거나 훔친 재물을 가난한 사람들에게 나눠준다면 그 행위는 의로운 것이고, 공익을 위한 것이 된다. 의로운 일을 행하는 도적은 의적義賊이라 불리며 민중들의 사랑을 받아 왔다.

『홍길동전』은 영웅 서사의 문법을 그대로 따른다.

다음은 '경판 30장본 홍길동전'을 저본으로 한 문학동네(김현양 옮김, 2010[2020]년) 책의 줄거리를 바탕으로 정리한 내용이다.

첫째, 길동은 비록 천출이나 고귀한 혈통을 지녔다. 그의 아버지 홍 판서는 대대로 내려오는 명문가 출신으로 조선국 세종조 시절의 재상이다.

둘째, 잉태나 출생이 비범하다. 홍 판서는 천둥과 벼락이 진동하면서 청룡이 달려드는 꿈을 꾸고 귀한 자손을 얻을 것을 직감하여 정실부인 유 씨와 잠자리를 가지고자 한다. 부인에게 경박하다며 거절당

했지만 아까운 기회를 놓칠 수 없었던 그는 마침 차를 올리러 온 시비侍婢(곁에서 시중을 드는 계집종) 춘섬을 범한다. "춘섬이 그달부터 태기가 있어 옥동자를 낳으니, 그 기골이 비범해 과연 영웅호걸의 기상이었다."

셋째, 어려서부터 남들과 다른 뛰어난 능력을 지녔다. 길동은 총명함이 다른 사람을 능가하여 하나를 들으면 백을 통달했다. 육도삼략六韜三略, 천문지리, 주역周易 등을 공부하고, 검술을 익혔으며, 둔갑법과 축지법 같은 도술에도 능했다.

넷째, 극한 위기에 처했다가 이를 극복하고 모험을 떠난다. 『홍길동전』에는 두 번의 떠남이 존재한다. 집을 떠나고 조선을 떠나는 것이다. 먼저, 길동의 능력을 시기한 홍 판서의 애첩 초란이 무녀 및 관상녀와 내통하여 홍 판서에게 길동이 왕후장상의 기상을 지녀 장성하면 멸문지화를 당할 것이라고 참소하고, 특재라는 자객을 매수하여 길동을 해치려 한다. 길동은 자객과 관상녀를 죽이고 죽을 위기에서 벗어난 후 홍 판서에게 하직 인사를 올린다. 홍 판서는 길동의 소원이던 호부호형을 허락했지만, 길동은 끝내 집을 떠난다.

집을 떠난 길동은 도적의 소굴에 들어가 무게가 천 근인 돌을 드는 내기를 통해 그곳의 두목이 된다. 무리를 이끌게 된 길동은 합천 해인사와 함경 감영을 습격하여 부패한 승려와 탐관오리를 벌한다. 그 후 짚으로 만든 사람 인형으로 일곱 개의 분신을 만들어 내 팔도를 누비며 각 읍의 창고와 서울로 가는 봉물을 탈취한다. 팔도에서 길동이라는 도적이 활개 친다는 장계가 올라오자 임금이 공문을 내려 길동을 잡아들이라 명하지만, 길동은 이를 비웃기라도 하듯 장안 대로를 고관의 수레를 타고 왕래하기도 하고, 혹 각 읍에 공문을 보낸 후 쌍가마를 타고 왕래하기도 하며, 혹 암행어사의 모습을 하고 각 읍 수령 중에 탐관오리인 자의 목을 벤 후 '가짜어사 홍길동의 계문啓聞'이란 것을 써 놓는다. 오늘날로 치면 공문서를 위조하고 고위 공무원을 사칭하며 사형私刑을 가하여 행정 체계와 사법 체계를 어지럽힌 것이다. 하지만 탐관오리를 숙청하고 관청의 곡식을 풀어 빈민을 구휼하는 등 백성들에게는 실제 관리와 비교할 수 없는 영웅이었다.

왕은 할 수 없이 길동의 아버지와 이복형을 인질로 삼는다. 신출귀몰하던 홍길동도 차마 인륜을 저버릴 수는 없었기에 제 발로 찾아와 왕의 친국親鞫을 받는다. 하지만 홍길동은 자신이 비록 적서 차별로 인해 마음을 잡지 못하고 도적이 되었으나, 백성은 추호도 범하지 않았으며, 각 읍 수령 중에 백성을 착취하고 괴롭히는 자의 재물만을 빼앗았다는 입장을 설파하며 병조판서를 제수받기에 이른다. 사모관대에 무소뿔로 장식한 띠를 두르고는 높은 수레를 타고 큰길로 버젓이 들어와 영광을 누린 홍길동은 평생의 한을 풀고 미련 없이 조선을 떠난다.

조선을 떠난 홍길동은 새로운 고난을 겪는데, 망당산의 괴수 울동을 물리치고 납치되었던 백룡과 조철의 딸을 구하여 그녀들과 혼인하고, 율도국을 쳐서 율도국왕이 된다. 율도국은 길동이 왕이 되어 다스린 지 삼 년 만에 요순 시절에 비기는 태평성대가 된다.

이와 같은 『홍길동전』의 이야기는 주어진 환경에 순응하지 않고

6장 홍길동과 「홍길동전」

운명을 스스로 개척하며 마침내 입신양명하는 전형적인 영웅의 성공 신화를 보여 준다.

홍길동이 진짜로 있었다고?

홍길동은 전우치, 임꺽정, 장길산 등과 함께 한국의 의적형 민중 영웅의 계보를 형성한다. 이들은 조선 시대에 실존했던 도적들을 모델로 창작되었다는 공통점을 지닌다. 둔갑법과 축지법에 능하여 동에 번쩍 서에 번쩍하는 홍길동을 실존 인물이라 믿기는 힘들다. 그래서 소설 속의 주인공으로만 알고 있는 사람들이 많은데, 조선 시대에 홍길동은 진짜로 존재했다.

현재 네이버에서 연재 중인 웹툰 「사신 소년」에서 홍길동이 "조선 최고의 봉술가"로 소개되면서 독자들 사이에 홍길동의 실존 여부에 관한 관심이 증폭되었다. 홍길동 등장 에피소드는 63화~68화에 나온다. 「사신 소년」은 주인공 이경호가 돌아가신 엄마의 영혼을 만나기 위해 자신의 수명을 대가로 사신死神으로부터 '저승 거래소' 티켓을 빌리고, 영혼을 볼 줄 아는 소녀 한채연의 도움을 받기 위해 그녀의 경호원이 되면서 벌어지는 에피소드를 그리고 있다. '저승 거래소' 티켓을 사용하면 실존 인물이었던 영혼을 저승으로부터 소환하여 그들의 능력을 잠시(1시간) 빌려 쓸 수 있다. 주인공이 학교 폭력 피해자였던 데다가 그룹 회장 딸인 여주인공을 각종 '빌런'들로부터 지켜내야 하다 보니 몸으로 싸울 일이 많아서 "복싱의 황제 무하마드 알리(1942~2016)"라든가 "절권도 창시자 이소룡(1940~1973)", "극진 가라데 창시자 최배달(1923~1994)", "무에타이 전설 나이 카놈 똠(?~?)", "영춘권 달인 엽문(1893~1972)" 등등 실전 싸움에 필요한 인물들이 주로 소환되었다. 하지만 상황에 따라 "청와대 경호 실장 정동호(1935~2009)", "위대한 수의사 제임스 해리엇(1916~1995)", "멀리뛰기의 제왕 실비오 카토르(1900~1952)", "위대한 마술사 해리 후디니(1874~1926)" 등 다양한 인물들이 소환된다(웹툰에서는 영혼들의 생몰년을 일일이 제시하고 있는데, 이는 실존 인물임을 강조하기 위한 장치로 보인다). 이 '영혼'들은 국적과 분야, 지명도 등에서 각각 차이가 크지만, 한 가지 공통점이 있다면 어느 한 분야에서 일가를 이룬 '위인' 내지 '영웅'이라는 점이다.

홍길동(14??~15??)은 주인공이 2 대 20으로 조폭들과 싸우는 상황에서 소환되었다. 이경호는 각목, 칼과 같은 무기를 휘두르며 달려드는 조폭들을 기다란 봉으로 제압한다. 한 가지 주목할 것은 주인공이 홍길동을 '사용'했을 때 처음으로 티켓으로 소환한 영혼의 잠식이 일어나며 잠시 자신을 제어하지 못하고 폭주하게 되었다는 점이다. 티켓의 힘을 빌리면 원래 영혼의 힘을 100%까지는 사용하지 못한다는 설정인데, 홍길동은 압도적인 격차로 적을 때려눕히며 주인공의 영혼까지 잠식하려 들었다. 그러자 댓글 창에는 실존 인물 홍길동이 원래는 극악무도한 도적이었다는 제보가 줄줄이 달리게 된다.

연산군 때의 강도 홍길동

그렇다면 실제 홍길동은 어떤 인물이었을까? 『조선왕조실록』에서 그 일면을 엿볼 수 있다. 국사편찬위원회에서 제공하는 『조선왕조실록』에서 '홍길동'을 입력하면 10건이 검색되며, 이는 각각 연산군일기에 5번, 중종실록에 4번, 선조실록에 1번 등장한다.

『조선왕조실록』 연산군 6년(1500년) 10월 22일에 강도 홍길동을 붙잡았다는 기록이 처음으로 나온다.

> 영의정 한치형韓致亨·좌의정 성준成俊·우의정 이극균李克均이 아뢰기를, "듣건대, 강도 홍길동洪吉同을 잡았다 하니 기쁨을 견딜 수 없습니다. 백성을 위하여 해독을 제거하는 일이 이보다 큰 것이 없으니, 청컨대 이 시기에 그 무리를 다 잡도록 하소서." 하니, 그대로 좇았다.

삼정승의 반응으로 보건대, 조정에서 그를 잡지 못해 꽤 속을 썩였던 모양이다. 또한 "강도 홍길동이 옥정자玉頂子와 홍대紅帶 차림으로 첨지僉知라 자칭하며 대낮에 떼를 지어 무기를 가지고 관부官府에 드나들면서 기탄없는 행동을 자행"했는데, 지방 말단 관리들이 이를 알면서도 체포, 고발하지 않았다는 기록이 있다(연산 6년 12월 29일). 첨지는 중추부에 소속된 정3품 당상관堂上官으로, 고관을 사칭하는 것은 장안대로를 고관의 수레를 타고 왕래하기도 하고, 혹 각 읍에 공문을 보낸 후 쌍가마를 타고 왕래하기도 했던 소설 속 홍길동과 상당히 유사한 모습을 보인다.

홍길동은 특히 충청도 지역에 심한 피해를 줬는데, 유민이 많이 발생한 탓에 한동안 조세 징수에 어려움을 주었다. 중종 8년(1513년) 8월 29일에 "충청도는 홍길동이 도둑질한 뒤로 유망流亡이 또한 회복되지 못하여 전지田地 측량을 오래 하지 않았으므로 세稅를 거두기가 실로 어려우니(…)"라는 기록이 있다. 홍길동 사건은 형조에서 다루지 않고 의금부 조옥에서 추문할 정도로 커다란 사건이었다.

"홍길동의 유類들은 신이 찰리사察理使로 가서 추국推鞫했는데 홍길동이란 자가 당상의 의장儀章을 했기 때문에 수령도 그를 존대하여 그의 세력이 치성하게 되었습니다. 그래서 길동이란 자를 조옥詔獄에서 추국하였던 것입니다." (중종 25년 12월 28일)

홍길동이 의금부에 구금되었단 것은 그를 국사범으로 엄중하게 다루었음을 뜻한다. 이듬해 도둑 순석順石 등이 잡혔을 때, "이 도둑들은 옥관자玉貫子를 갖추고 있다 하니 홍길동이 당상의 의장을 갖추고 있던 것과 다를 것이 없다. 그러므로 길동의 예例를 따라 금부에서 추국하는 것이다"라는 왕명이 내려진다.(중종 26년 1월 1일) 홍길동이 잡힌 지 30년이 지난 뒤에도 이 정도로 회자하다니, 전설적 인물이 될 가능성이 다분히 보인다. 88년이 지난 선조 21년에는 또 다음과 같은 기록이 있다.

6장 홍길동과 『홍길동전』

또 선왕조先王朝에서는 복상卜相(정승을 새로 가려 뽑음)에 적격자를 얻어 풍속이 순미淳美하므로 강상綱常의 변變이 없고 다만 홍길동·이연수李連壽 두 사람이 있었을 뿐이었기 때문에 항간에서 욕을 할 때는 으레 이 두 사람을 그 대상으로 삼았는데, 지금에는 복상에 적격자를 얻지 못하여 풍속이 괴패乖敗하고 강상의 변이 곳곳마다 일어나므로 홍길동·이연수의 이름이 없어졌다고 하였다. (선조 21년 1월 5일)

이연수는 중종 26년(1531년) 6월 부모를 시해한 죄로 처형당한 사람이다. 홍길동이 존속살해를 저지른 자와 한때 동급으로 저잣거리의 욕지거리에 오르내렸는데, 선조 때에는 풍속이 어지러워지면서 그들이 명함도 못 내밀게 되었다는 것이다. 『조선왕조실록』으로 미루어 보건대, 홍길동은 의적과는 거리가 먼, 평범한 도적들과도 질적으로 달랐던, 거대한 범죄 조직을 이끄는 수장이었던 것으로 보인다. 그가 신출귀몰할 수 있었던 것은 배후에 엄귀손嚴貴孫 등과 같은 정부 고위 관리의 비호가 있었기 때문이다. 엄귀손은 당상관을 지낸 무관이자 탐관오리로, "홍길동의 음식물을 받았고, 또 일찍이 주선하여 가옥을 사 주"었으며, "홍길동의 행동거지가 황당한 줄을 알면서도 고발하지 않았고 또한 따라서 산업産業까지 경영하여 주었"다(연산 6년 10월 28일). 조정 관리들과 결탁한 정치 깡패이자 한때 온 동네 '욕받이'였던 홍길동은 어떻게 민중의 영웅으로 변모했을까?

정치 깡패 홍길동은 어떻게 민중의 영웅이 되었을까?

성호 이익李瀷이 쓴 『성호사설星湖僿說』에도 홍길동에 대한 짤막한 언급이 있다. 이익은 「임거정林巨正」에서 홍길동을 임꺽정과 장길산에 앞서서 황해도 일대에서 활약한 이름난 도적으로 소개하고 있다(하지만 『조선왕조실록』에 따르면 홍길동은 주로 충청도 일대를 무대로 활동한 것으로 보인다).

> 옛날부터 서도西道에는 큰 도둑이 많았다. 그중에 홍길동이란 자가 있었는데, 세대가 멀어서 어떻게 되었는지는 알 수 없으나 지금까지 장사꾼들의 맹세하는 구호에까지 들어 있다.

연산군 때의 강도 홍길동은 100여 년 후인 선조 때에는 욕으로 통용되다가, 그로부터 다시 약 150여 년이 흐른 영조 때에는 장사꾼들이 맹세하는 구호로 그 이미지가 변화했음을 알 수 있다. 강도 홍길동에서 의적 홍길동, 영웅 홍길동으로 변화하는 과정은, 위정자의 입장에서는 강도였으나, 당대나 후대의 민중들에게는 영웅으로 기억된 것일 수도 있고, 팍팍한 현실에서 희망을 찾을 수 없던 민중의 염원이 유명한 강도에 기탁되어 영웅으로 재탄생한 것일 수도 있다. 다시 말해 실존 인물 홍길동에게 강도로만 규정할 수 없는 영웅적인 면모가 있었을 수도 있고, 강도 홍길동의 이야기가 구전되면서 영웅으로 미화되었을 수도 있다.

『홍길동전』에는 조선 사회의 모순이 담겨 있다. 적서차별이 심한 사회에서 "한갓 천비의 소생"은 "문과에 급제해도 옥당玉堂(임금의 자문 기관이었던 홍문관)에 참여하지 못할 것이요, 무과에 급제해도 선전관宣傳官(임금의 명령을 전달하던 선전관청에 속한 무관 벼슬)에 천거되지 못할 것"이다. 하지만 그가 들어간 도적의 소굴에서는 천 근인 돌을 드는 내기를 통해 두목을 정하고, 그렇게 우두머리가 된 홍길동은 합천 해인사의 재물을 무사히 빼앗아 옴으로써 자신의 능력을 증명해 보인다. 신분이나 배경 따위 필요 없이 힘과 지혜 같은 개인의 역량으로 서열이 정해지는 것이야말로 불평등한 시대에 억압받는 사람들이 꿈꾸었던 평등한 사회의 모습일 것이다.

길동을 잡겠다고 호기롭게 나섰다가 보기 좋게 농락당하고 목숨을 애걸하는 포도대장(지금의 경찰청장)이나, 길동의 꾀에 넘어가 무기와 전곡을 모두 빼앗긴 함경 감사(도지사), 길동을 잡을 제대로 된 계책 하나 내놓지 못하는 조정 신하(장관·차관)들은 하나같이 한심하고 무능하다. 부패하고 무능한 관리들을 혼내 주고 가난한 사람들에게 재물을 나누어 주는 홍길동에게 당시 민중들이 열광하는 것은 오늘날 돈과 권력을 이용해 교묘하게 법망을 피해 가는 사람들에게 사적 보복을 가하는 「비질란테」, 「모범택시」, 「감히」, 「빈센조」와 같은 '이악치악以惡治惡' 웹툰과 드라마에 많은 이들이 '사이다'를 느끼고 환호하는 것과 비슷하다.

소설 속 길동의 무술 실력, 지략과 재주는 이미 조선의 으뜸으로, 길동이 조선의 왕이 되고자 마음먹는다면 불가능한 일만도 아니었을 것이다. 하지만 당대의 도덕적 관념으로는 길동이 인질이 된 아버지와 형을 모른 체한다거나 왕이 되는 것을 용납하기는 힘들었을 것으로 보인다. 또는 '헬조선' 현실의 벽이 너무 높고 견고했을지도 모른다. 이에 홍길동은 영웅적인 능력에도 불구하고 조선에서는 뜻을 이루지 못한 채 율도국이란 가공의 도피처에서 이상을 실현할 수밖에 없었다.

영웅들의 진부하지만 특별한 말년
—『월왕전』, 『구운몽』, 『창선감의록』의 주역들

윤광언

진부하지만 여전히 인기 있는 장르, 영웅소설

생산자와 소비자의 경계가 무너지는 시대가 올 것이라는 추측이 제기된 후 어느새 50년이 지났다. 여전히 우리는 기업에서 판매하는 완제품을 구매하지만, 웹상에서 쉽게 검색되는 구매자들의 후기는 그 어느 때보다도 기업에 미치는 영향력이 크다. 오프라인 서점 서가에서 책을 한 권 골라 읽으며 시간을 보내는 사람도 아직 많지만, 각종 온라인 플랫폼에서 독자의 댓글로 피드백을 받아가며 작품을 써나가는 밀리언셀러 작가들도 적지 않다. 국내의 기업들이 왓패드, 래디쉬 등 해외의 웹툰, 웹소설 플랫폼을 인수했다는 소식이 뉴스 기사로 등록되고, 유튜브에는 웹툰, 웹소설 작가가 된 자신의 경험을 공유하는 영상이 업로드되는 사회, 문학계에도 '프로슈머'가 등장하는 사회가 바로 2020년대 대한민국이다.

웹툰과 웹소설은 대중이 가볍게 읽으며 대리 만족이나 즐거움을 목표로 하는 작품인 만큼 능력이 뛰어난 영웅으로 주인공을 두는 경향이 강한데, 이 때문에 작품성과 예술성이 떨어진다는 비판이 뒤따르는 경우가 많다. 그런데 웹툰, 웹소설이 아니더라도, 대중이 편하게 읽는 흥미 위주의 작품에 대한 이러한 지적은 사실 우리가 고전이라고 부르는 여러 작품이 창작된 조선 후기부터 있었다. 한 예로, 18~19세기 조선에서 살았던 홍희복^{洪羲福}은 당시의 소설 대부분이 복선이나 이야기의 전개, 갈등의 발생과 해결 방식이 작품마다 비슷하면서도 등장인물의 이름이나 서술 방식만 조금씩 다르게 하는 현실에 개탄하며, 오직 소비층의 흥미 충족만을 목표로 하는 세태를 문제로 보았다. 그가 지적한 사안들은 오늘날 불특정 다수의 대중이 웹툰과 웹소설의 문제점으로 주로 거론하는, 단순화와 장르 고착화, 흥미 위주의 전개, 표절, 어느 소설에서나 보이는 흔한 클리셰라는 '웹소설의 문제점'과 크게 다르지 않았다.

학창시절을 돌이켜보면, 우리는 영웅소설이 신이한 탄생과 조력자와의 만남, 고난 극복 후 행복한 결말이라는 전형적인 구조로 이루어진다고 배웠다. 조선 후기 대표적인 영웅소설로 거론되는 『유충렬전』이나 『조웅전』 등을 살펴보아도 고전소설 속 영웅들의 행보는 이 구조에서, 그리고 오늘날 일반적인 '먼치킨 소설'의 흐름에서 크게 벗어나지 않는다. 그렇다면 과거에는 천편일률이라고 비판받았던 소설들이 오늘날 고전으로 간주되고, 흔한 클리셰 투성이라고 오늘날 경시

되는 웹툰과 웹소설은 오히려 날이 갈수록 플랫폼이 넓어지며 시장 규모가 확대되어가는 이유는 무엇일까. 이 현상을 단지 독자들이 부담 없이 읽을 작품을 원해서, 혹은 작품을 통한 대리만족을 바라서, 라고만 이해할 수 있을까. 혹시 이러한 작품들이 가지는 어떤 공통점이 인간이 살아가면서 필요로 하는 어떤 욕구를 충족시켜 주거나 달래 주기 때문은 아닐까.

최근 「쌍갑포차」, 「바리공주」 등 유명 웹툰의 스토리텔링 기법에 고전 서사가 활용되었다고 보아, 고전 서사가 지닌 매력이 여전히 대중에 유효하다는 주장이 제기된 바 있다. 영웅소설의 서사를 보이는 비슷한 작품들이 인기 있는 배경에는 단순한 재미 추구와 대리만족을 넘어선 어떤 이유가 있을지 모른다는 문제의식에 기반한다는 점에서는 이 글과 입장을 같이 하는 셈이다. 다만 작품의 전반적인 서사 전개에 주목했던 위의 주장과 달리, 이 글은 『월왕전』과 『구운몽』, 『창선감의록』이라는 서로 다른 성격을 보이는 세 영웅소설의 흐름을 발단과 결말부를 비교하며, 영웅소설이라는 장르가 오랫동안 독자들을 끌어들인 동력을 독자들과 함께 생각해 보고자 하였다. 결론부터 말하자면, 시대를 초월하여 수많은 독자가 영웅소설을 찾았던 기저에는 독자들이 영웅소설의 결말을 읽으며, 영웅들조차도 오직 소설 속에서나 행복을 누릴 수 있다는 것을 위안으로 삼아 불만족스러운 현실을 살아갈 힘을 얻을 수 있었기 때문이었다는 요인도 있었다.

신이한 탄생 – 기묘한 재주 – 불후의 업적,
하지만 진부한 노후?

생각해 보면 우리는 각 영웅소설의 '끝', 혹은 소설 속 영웅의 최후에 대해서는 크게 고민해 보지 않았던 것이 아닌가 싶다. 영웅소설의 결말부는 보통 '행복한 결말'로 불리는 데 그친다. 구조상 기-승-전에 해당하는 다른 부분을 '신이한 탄생', '조력자와의 만남', '고난 극복' 등과 같은 명확한 용어로 특징을 명시하는 것과 대비되는 지점이다. 또한, '행복한 결말'은 한 이야기의 끝을 담당하는 중요한 부분임에도 불구하고, 대부분 영웅소설은 결말부의 서술 분량이나 묘사가 오히려 소설 속 여타 대목보다 압도적으로 적은 편이며, 연구사적으로도 주목받아오지 못했다. 구체적인 모습이 소설마다 다양하기도 하지만, '옛날이야기의 끝은 "행복하게 잘 살았답니다"로 끝나는 것이 자연스럽다'는 선입견 때문이었을지도 모르겠다. 그래서일까, 정작 우리는 작중 영웅들이 갈등을 해소한 후 누렸던 삶이 발단부에서부터 영웅이 소망했던 형태였는지, 구체적으로 어떤 모습으로 어떻게 행복이 실현되었는지, 그리고 왜 독자인 우리는 영웅소설을 읽으며 해피엔딩에 연연해 왔는지는 관심을 두지 않아 왔다. 고전소설 세 권을 독파할 여유를 가지기 어려운 오늘날, 이 기회에 조선의 군담소설인 『월왕전』과 로맨스 및 무협 소설의 성격이 강한 『구운몽』, 로맨스 판타지인 동시에 군담소설인 『창선감의록』의 흐름을 검토하며, 영웅소설 속 영웅이 말년에 누리는 행복의 양상과 그 공통점을 살펴보자.

1) 『월왕전』

『월왕전』은 부모님을 핍박하고 나라를 위협한 호로왕이라는 적대자를 주인공 실부*ᴼ가 물리치고 월나라 왕이 되어 선정을 폈다는 내용의 영웅소설이다. 실부의 어머니 장 부인은 남편과 함께 남편의 부임지로 가는 길에 호로왕에게 납치되어 몰래 탈출하다가 한 이인의 도움을 받게 된다. 이때 장 부인에게 이 노인이 한 말은 비록 소설 도입부에 등장하지만, 사실상 이후 소설의 흐름을 압축적으로 요약하는 동시에 행복한 결말을 맞을 것을 예고하고 있다.

"선랑(역주: 장 부인)은 본디 천상의 선녀이십니다. 옥황상제께서 그대를 지극히 아끼셨는데, 요지왕모의 반도를 진상하던 천상의 선관 유 태사(역주: 장 부인의 남편)를 보고 한눈에 반하셨습니다. 상제께서는 그대를 불쾌해하시면서도 안타깝게 여기셨습니다. 그래서 인간 세상에 내려보내 장 승상의 여식이 되게 하시고, 태사는 유 상서의 아이로 삼아 태사와 선랑이 인간 세상의 부부가 되게 하셨습니다. 선랑 뱃속에 귀한 자식을 가졌으니, 이는 동해 용왕의 아들입니다. 그는 하늘에 죄를 얻었기 때문에 인간 세상에 탄생하게 하였는데 상제께서 선랑에게 점지하였으니, 그 아이를 낳은 후에야 원수를 다 갚고 남편인 유 선군을 찾을 것입니다. 귀한 몸을 잘 보살피고 가볍게 버리지 마십시오"

소설이 전개되며 아버지가 계시지 않은 이유를 어머니로부터 전해 들은 이인의 인도로 도술과 병법, 무예를 익히고, 전쟁 중에 자신의 재주를 드러내며 천자에게 주목받게 된다. 실부는 뛰어난 능력을 바탕으로 승승장구하는데, 간혹 호로왕의 계책에 빠지더라도 현명하게 극복하며 적대자를 무찌를 수 있었다. 평화를 이루어낸 실부는 이후 잃어버린 아버지를 다시 만난 것은 물론, 천자의 손녀와 혼인하고 월나라 왕에 봉해져 선정을 편다. 이때 『월왕전』의 결말부에서 중점적으로 묘사한 것은 황실에서 실부와 그의 가족들이 보인 굳은 충성심과 출중한 능력을 표창하였으며, 존귀한 황실에서조차 실부를 가족으로 받아들이려고 팔방미인인 천자의 손녀와 혼인을 맺게 하였다는 점, 이후 실부가 가족과 오랫동안 행복하게 지내며, 전반부에서는 실현하지 못해 더욱 갈망했던 부모님에 대한 효를 다했다는 점이었다.

2) 『구운몽』

흔히 김만중의 작품으로 알려진 『구운몽』은 불문에 머무는 젊은 승려 성진이 속세의 부귀영화를 갈망하다가 꿈을 통해 인세의 덧없음을 깨닫고 불가의 가르침에 귀의한다는 내용을 다룬 소설이다. 먼저 구운몽의 도입부, 성진이 양소유로서의 삶을 사는 꿈을 꾸기 직전 대목을 보면 아래와 같다.

'(…) 세상에 태어나 어려서는 공맹의 글을 읽고 자라서는 요순 같은 임금을 만나서, 나아가면 장수가 되고 들어오면 정승이 되고, 비단 옷을 입고 옥대를 두른 채 궁궐에서 군주를 보좌하며, 고운 빛, 아름 다운 사람들을 보는 한편 좋은 소리를 듣고, 은택이 백성에게 미치고 공과 명성이 후세에 드리움은 또한 대장부의 일이다. 우리 부처의 법 문法門은 한 바리 밥과 한 병 물과 두어 권 경문經文과 일백여덟 낱 염 주뿐이니, 지향하는 도와 덕이 비록 높고 아름다우나 적막하기 심하 도다.'

성진이 이런 바람을 가지게 된 것은 스승 육관대사를 대신해 동정 호 용왕의 잔치를 다녀오며 부귀영화와 산해진미, 미인 등 인간의 욕 망을 자극하는 세상의 온갖 즐거움을 엿보았기 때문이었다. 자신의 방으로 돌아온 성진은 곧 이 욕망을 억누르고자 하지만 제자의 동요 를 확인한 육관대사는 성진이 꿈을 꾸게 함으로써 성진이 상상할 수 있는, 그리고 성진의 잠재의식 속에 있는 모든 욕망을 꿈속에서 누리 게 한다. 소설의 결말은 성진이 꿈에서 깨어나며 육신을 타고났기 때 문에 누리고 싶어 하는 모든 욕망이 본래 덧없다는 점을 깨닫고, 마 음속 욕망의 근원을 직관하여 우주의 이치에 달통한다고 서술한다. 그런데 세속적 욕망으로부터의 해탈이라는 결말은 역으로, 성진의 꿈속 인물인 양소유가 성취한 말년에 대한 묘사가 곧 옛사람들이 이 상으로 여겼던, 성공한 영웅이 이 세상에서 누릴 수 있는 최고의 말 년이었음을 보여 주는 기능도 수행한다.

"승상(역주: 양소유)이 일개 서생으로 자기를 알아주는 임금을 만나무(武)로써 국가의 위기를 평정하고 문(文)으로써 태평성대를 이루니 부귀영화가 곽분양(역주: 안록산의 난을 평정하고 외침을 막아 낸 당나라의 명장 곽자의)과 견줄 만하였다. 하지만 분양은 나이 예순에 장상을 맡았고 소유는 나이 스물에 승상을 하였으니 전후로 재상의 직을 누린 것은 분양보다 길고, 군신이 함께 태평성대를 누리니 소유가 누린 복록의 완전함은 진실로 전에 없는 바였다.

　승상이 재상 자리에 있은 지 오래되고 너무 번성했다고 생각하여 상소하여 벼슬을 사직하고 물러나고자 하니 천자께서 비답(批答)을 내리시기를, '경의 공적이 세상을 덮었고, 덕택이 백성에게 가득하니 국가가 의지하는 바이고 과인이 우러러보는 바이라. (…)' "

위의 인용문에서 엿볼 수 있듯이, 양소유의 일생은 누구와도 비교할 수 없을 정도로 성공한 삶이었다. 양소유는 시골의 한미한 어느 처사의 아들로 태어나 무작정 서울에 올라왔지만, 자신의 재주를 알아보고 굳건한 신뢰를 보인 군주에게 등용되었다. 마침 일어난 여러 사건은 양소유가 나라의 해결사로 두각을 드러낼 수 있는 계기로 작용했는데, 덕분에 그는 젊은 나이에 승승장구하며 일종의 '전국구 스타'로 명성을 날릴 수 있었다. 양소유가 '남들이 다 부러워하는 삶'을 살았으며, 동시에 옛사람들이 상상할 수 있는 가장 이상적인 삶을 살았다는 것을 묘사하기 위해 작품에서 끌어들인 인물이 바로 곽자의였다. 곽자의는 큰 공을 세운 후 온갖 고위직을 다 거치며 영화를 누린 후 무사히 은퇴하였으며, 은퇴하고 나서도 오랫동안 소중한 사람들과 안락한 말년을 보내다가 사망한 후에는 후대에 추숭된, 옛날 사람들이 '인생의 승리자'로 보았던 인물이었다. 양소유가 부귀영화를 곽자의보다도 오래 누리다가 끝내 스스로가 부귀영화에서 물러나 팔선녀와 함께 노후를 보내고 싶다고 생각했다는 서술과 황제가 나서서 양소유의 은퇴를 말릴 정도로 나라 안팎으로 신임을 받았던 능력 있는 인물이었다는 서술은 곧 깨닫기 전의 성진과 일반 사람들이 상상했던 이상적인 영웅의 말년, 그 구체적인 모습을 보여 주는 문장 중 하나였다.

3) 『창선감의록』

　『창선감의록』은 주인공 화진이 고난을 극복하고 화목한 가정을 이루며, 나라의 중신이 되어 온 나라 사람들이 존경하는 위인이 되었다는 이야기를 다룬 소설이다. 기이한 태몽으로 탄생한 화진은 어려서부터 영특했다. 화진보다 학업 성취도가 낮았던 이복형 화춘은 시간이 흐를수록 화진을 시기하였고, 남편의 사랑을 화진의 어머니에게 빼앗긴 심 부인은 사사건건 자기 아들 화춘보다 뛰어난 모습을 보여 주는 화진을 미워하였다. 마침내 화춘과 심 부인은 누명을 씌워 화진과 그의 부인들을 곤경에 빠뜨리지만, 아이러니하게도 화 씨 집안의 가세는 그때부터 급격히 기울기 시작하였다. 집안의 질서를 어지럽히고, 부모 형제 간에 불화를 야기한 죄로 벌을 받게 된 화춘과 심 부인을 구한 것은 때마침 발생한 군란을 평정한 화진이었다. 아래의 인용문은 소설의 후반부에 심 부인이 화진에게 도움을 받고 소설의 발단에서부터 지속된 화진의 효성을 되돌아보고, 자신의 행적을 뉘우치며 남긴 탄식이다.

"내가 형옥(역주: 화진)을 박대한 것은 선공(역주: 화진의 아버지)의 편애가 너무 심해서 마음이 상한 데다가, 상춘정의 일 때문에 원한이 뼛속까지 사무쳤기 때문이었다. 그러나 10년 동안 형옥은 한결같은 마음으로 나에게 정성을 다했고 끝까지 나를 원망하지 않았으니, 이 아이야말로 진정한 효자이다. 그러니 선공께서도 형옥을 아끼고 편애하셨던 것이다. 이제 나날이 나의 허물이 드러나고 형옥의 원통함이 밝혀지고 있는 것을 보면 하늘을 속일 수는 없는 법이다. 게다가 돌아가신 뒤 한 번도 꿈에 나타난 적이 없었던 선공께서 근래에 자주 꿈에 나타나 온화하게 웃으며 나에게 말씀하시기를, '처음에 악한 사람이 나중에 착한 사람이 되는 것이 착하던 사람이 악해지는 것보다 훨씬 낫소. 이제 아이와 며느리를 그대에게 맡기니, 복을 누리며 오래오래 잘 사시오'라 하셨다. 아, 평생 내가 한 일은 죄를 지은 것뿐으로 스스로 목숨을 끊어 천지에 사죄해야 하겠지만, 내가 죽고 나면 형옥의 효성에 보답할 길이 없으니 구차하더라도 참고 살아 효자의 마음을 위로해 주어야겠다."

작품 초반부에 화춘과 화진의 아버지가 두 사람을 상춘정에 불러서 문장을 짓게 한 일이 있었다. 이때 두 인물의 아버지는 화춘의 글에서는 집안을 망하게 할 요소가 보이지만, 화진의 글에서는 세상에 보기 드문 뛰어난 재주가 드러난다고 평가했다. 이 일이 직접적인 계기가 되어 심 부인과 화춘의 박대가 심해졌다. 이처럼 화진의 능력은 그의 고난을 초래한 원인이기도 했지만, 동시에 화진이 작품 후반부에 나라에 공을 세워 명성을 떨치고 부귀영화를 누리는 것을 정당화하는 소설 속 수단이기도 했다.

화진의 공적에 대한 작품 내의 평가는 아래의 인용문과 같았는데, 화진의 비교 대상인 곽자의, 한기, 제갈량은 모두 나라가 혼란스러울 때 뛰어난 능력으로 군주를 보필하여 짧게나마 안정을 이룩하였으며, 후대에 오래도록 격찬을 받은 위인들이었다.

"진공(역주: 화진)이 여러 차례 큰 공을 세워 장군과 재상의 직분을 맡아 천하를 보살피는 일을 자신의 직임으로 삼은 것이 50년이었다. 천자는 그에게 중임을 의지하고 백성들은 그를 사랑하면서도 존경하고 사모하니, 순선한 풍속을 어지럽히는 이방의 족속들도 진공의 이름을 들으면 늘어서서 절을 했다. 논하는 이들이 말하길, '진공은 곽분양(역주: 당나라의 명장 곽자의)처럼 충의롭고 신의가 있으면서도 한위공(역주: 송나라의 명재상 한기)의 덕성과 역량을 가지고 있다. 그는 선황제로부터 특별한 대우를 받았는데, 이를 후사를 이은 군주에게 보답하고자 하니 그 모습은 무후 제갈량과 비슷하다'라고 하였다."

여기서 함께 기억해야 할 점은 화진이 공적으로는 나라를 바로잡고 평화로운 시대를 이끌어 가는 역할을 맡았지만, 작품에서는 시종

일관 국정 안정 못지않게 화목한 가정 구현을 중요한 목표로 삼고 실현하려 노력하였다는 것이다. 위의 심 부인이 한 독백에서 드러나듯이, 화진은 타고난 재주 때문에 이복형 화춘, 화춘의 어머니 심 부인에게 학대받으면서도 지극한 효성과 우애를 다했다. 화진의 효성과 우애는 화진의 부귀영화와 무관하게 작품 전개 내내 한결같았다. 물론 이는 화진이 끝내 가족의 화합을 이루어 냈다는 결말을 이끌어 내기 위해 작가가 부여한 설정이지만, 반대로 말하면 가족에 대한 변함없는 사랑과 존중이 있지 않았다면, 화진이 가족과 화해하는 결말을 독자들이 공감할 수 있도록 설득력 있게 유도하지 못했을 것을 암시하기도 한다. 그렇다면 『창선감의록』의 저자는 왜 화진을 비현실적으로 선하게 묘사하면서까지 가족을 사랑하는 인물로 만들어 내면서, 화진 가족의 화해와 화진의 부귀영화를 결말로 두었을까.

작가와 독자의 암묵적 합의, 해피엔딩

주인공들의 공적에 대한 소설 속 평가에서 역사 속 다른 영웅들에 대한 이야기가 나온 만큼, 역사적으로 영웅으로 불리는 다른 인물들의 행적, 그들에 대한 인식도 잠시 살펴보자. 실존했던 영웅들의 삶과 역사 속에서 주목받은 그들의 덕목은 덕성과 문무 재능을 겸비해 출세하고, 사랑하는 사람들과 함께 살았던 소설 속 주인공들과 곽자의의 삶과는 다소 차이가 있다. 예를 들면, 17세기 조선에서 살았던 장

유張維는 전무후무한 업적을 남긴 역대 영웅과 제왕들의 삶을 회고한 글을 남겼는데, 이때 그가 언급한 인물은 항우와 광무제, 손책, 당 태종, 이극용, 이존욱 등 군사적 재능이 빼어났던 인물들이었다. 이들 중 침상에서 평안하게 최후를 맞은 사람은 광무제와 당 태종 두 명뿐이었다.

사실, 후세에 오래도록 이름이 전하면서도 비명횡사하지 않고 '끝'이 좋았던 영웅은 의외일 정도로 찾기 어렵다. 물론 영웅의 평화로운 은퇴와 말년에 관해 일화가 없는 것은 아니다. 위에서 거듭 언급된 당나라의 곽자의, 독재관dictator에 취임해 로마의 위기를 구한 후 그대로 은퇴했던 루시우스 킨키나투스Lucius Quinctius Cincinnatus와 같이 예외가 없는 것은 아니다. 미국의 독립운동가 중 다수가 평화로운 죽음을 맞았음 또한 분명한 사실이다. 그렇지만 영웅이라고 부를 수 있을 사람 중 권력의 정상에 선 군주가 아니었던 인물로 평온한 죽음을 맞았던 사례가 손에 겨우 꼽을 정도로 적은 것도 사실이다. 나누어 공존할 수 없다는 권력의 특성 때문일까. 인간이란 본래 부족하고 결핍된 자신과, 날 때부터 능력이 남다른 영웅을 비교하며 질시하는 존재이기 때문일까.

다시 『창선감의록』의 한 대목을 잠시 살펴보자.

"한나라 고조의 명장 한신이 군법을 어겨 참수형을 당하게 되었을 때 등공 하후영이 힘써 구해 주었고, 당나라 시인 이백이 안녹산의 난으로 옥에 갇혀 죽게 되자 곽자의가 구했다. 짐이 매번 책을 읽다가

이 대목에 이를 때면, 한나라와 당나라에서 등공과 곽자의를 으뜸 공신으로 삼지 못한 점을 한탄했다."

누명을 쓰고 귀양을 갔다가 나라가 위기에 처하자 큰 전공을 세운 주인공 화진에게 상을 내릴 것을 천명하며 황제가 한 말이다. 한신, 이백 모두 자신의 능력을 펼치기 전에 죽을 뻔한 위기가 있었는데, 하후영, 곽자의가 구해 낸 덕분에 한신, 이백이 이후 위대한 업적을 세울 수 있었다는 의미이다. 그런데 이 문장은, 한편으로는 영웅이 역량을 발휘할 때까지 살아남기 쉽지 않음을 말하기도 하지만, 또 한편으로는 공을 세운 영웅이나 영웅을 발탁한 위인들에 대해 대우가 합당하지 않았고, 이러한 점들을 작가와 독자도 인지하고 있었음을 보여주는 부분이기도 하다. 바로 그래서, 『창선감의록』의 황제가 그러했듯이, 작가 또한 소설 속에서나마 영웅이 말년에 이르도록 부귀영화를 누리며 사랑하는 가족들과 함께 지낼 수 있도록 설정하였던 것이고, 독자들도 위의 진부한 설정을 결말로 둔 소설을 읽음으로써 이러한 설정에 동감을 표해 왔던 것이다.

전술했듯이 역사적으로 곽자의처럼 온갖 복을 누린 영웅은 찾아보기 어렵다. 오히려 뛰어난 능력을 갖춘 영웅일수록, 역사 속에서는 사람들이 보통 바라는 평화로운 가정생활은 고사하고 일신의 평온한 최후조차도 누리지 못한 경우가 많다. 위에서의 장유가 언급한 영웅들 중 손책은 자객에게 암살당했으며, 항우는 패전 후 자결하였으나 그 이후에도 시신이 다섯 부분으로 찢어지는 최후를 맞았다. 이극용

7장 『월왕전』, 『구운몽』, 『창선감의록』의 주역들

과 이존욱 또한 패전 후 앓던 질환이나 부상이 악화하여 사망하였다. 『창선감의록』에서 언급되었던 한신은 고사 토사구팽의 주인공이고, 이백은 방랑하다가 객사하였다. 즉, 소설에서나마 영웅이 행복을 누리는 결말을 맞는 설정은 현실에서 행복한 말년을 보낸 영웅이 없었기 때문에 오히려 작가와 독자에게 매력적이었던 것이었다.

하지만 작가 한두 명이 영웅소설 몇 편을 해피엔딩으로 설정하는 것까지야 매력적이었다고 하더라도, 수백 년이 흐르도록 거듭 읽어 진부하다고 느끼면서도 독자들이 여전히 영웅소설을 찾아 읽는 이유에 대해서는 설명이 미진한 감이 있다. 그동안 영웅소설 창작 및 흥행의 원인에 대해서는 『조웅전』이나 『박씨전』 등에 대한 설명에서 흔히 찾아볼 수 있듯이 대리만족, 즉 소설 속 영웅들의 호쾌한 행보와 평안한 노후에 자신을 이입하여 '사이다'를 느끼기 때문이라는 설명이 지배적이었다. 이 글에서의 논의를 조금 추가하면, 전통적인 설명 방식에서는 영웅소설의 긴 생명력을 현실에서 비참한 최후를 맞았던 영웅들이 누구나 원하는 행복, 즉 부귀영화를 누리며 소중한 사람들과 오래도록 행복하게 사는 삶을 누리도록 그려내어 대중이 대리만족하고자 했다고 이해하는 것이다.

다만 독자의 대리만족만을 영웅소설 읽기의 효용으로 부각한 설명은 대리만족이 크면 클수록, 소설을 덮고 현실을 다시 마주하는 순간 무력감이나 자괴감, 현실에 대한 불만족을 독자가 강하게 느끼기 마련이라는 일상적인 경험을 고려하지 못한 부분이 있다. 누구에게나 유사한 경험이 있지 않을까 싶다. 주인공에 이입하며 몰입했던 영화가 끝나고, 현실을 자각하며 강렬하게 상실감과 무력감을 느꼈던 경험 말이다.

이렇게도 생각해 볼 수 있지 않을까. 주지하다시피 독자는 소설 속 영웅들이 허구상의 존재임을 무의식중에 전제하고 있다. 동시에 독자는 자신이 소설을 읽으며 이입하는 영웅들의 모습은 호쾌하지만, 실제 영웅들의 삶은 지금 소설을 읽으며 고달픈 현실에 괴로워하는 독자 자신보다도 못한 경우가 많았다는 것도 인지하고 있다. 즉, 독자는 보통 사람들보다 뛰어난 재주를 가진 영웅들조차도 현실에서는 행복을 누리지 못하고, 오직 소설 속에서만 누린다는 사실을 내면에서 끊임없이 되뇌고 있는 것이다. 그렇다면, 현실이 괴로워 영웅들의 이야기를 찾는 독자들에게 '그 잘난 영웅조차도 현실은 시궁창'이라는 인식은 한편으로 자기 위안으로 작용하지는 않았을까. 비록 독자 자신이 영웅처럼 불후의 업적을 세우지는 못해도, 그 위대한 영웅들이 허구의 세계에서나 성취할 수 있는 소중한 사람들과의 일상을 자신은 현실에서 누리고 있다는 소박한 행복감과 함께.

7장 『월왕전』, 『구운몽』, 『창선감의록』의 주역들

8장

영웅을 보여 다오,
그러면 내가 비극을 써 줄 테니
─『사기열전』의 항우

박선영

공자, 항우, 한신, 유방.

이들 중 '영웅'이라는 단어와 가장 어울리는 사람은 누구일까?

이들 모두 중국 역사나 철학, 혹은 문학에 관심을 가진 사람이라면 누구나 들어 보았을 법한 쟁쟁한 인물들이다. 그러니 이 중 한 명만을 진정한 영웅으로 뽑는다는 것은 매우 어려운 일이다. 그렇다면 질문을 조금 바꾸어 보자. 네 명 중 혹시 영웅이라는 이름이 어색하다고 느껴지는 인물이 있을까? 이 질문에는 조금 더 쉽게 고개가 끄덕여질 듯하다. 아마도 많은 사람의 답은 공자일 것이다.

수천 년간 중국은 물론 동아시아 사회 전체에 깊은 영향을 준 유가 전통의 창시자인 공자를 모르는 사람은 거의 없을 것이다. 이처럼 인류의 사상과 문화에 지대한 영향을 남긴 인물이지만, 그를 영웅이라는 단어로 부르는 것은 무언가 어색하게 느껴진다. 그 이유는 무엇일까? 그 질문에 다음 표가 힌트가 될 수 있다.

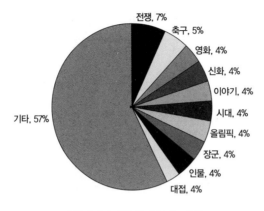

영웅과 가장 자주 함께 쓰이는 단어

이 표는 2000년부터 2013년까지 우리나라에서 영웅과 가장 자주 함께 쓰인 단어들을 보여 준다. 그중에서 1위를 차지한 것은 '전쟁'이며, '축구', '장군' 등도 10위 안에 들어와 있는 것을 알 수 있다. 기타 순위 안에 들어와 있는 여러 단어 역시 전쟁이나 스포츠, 혹은 이와 유사한 극한의 상황과 관련된 것이 대부분이다.

즉, 우리가 직관적으로 받아들이는 가장 전형적인 영웅의 모습은 전쟁이나 스포츠처럼 승패가 갈리는 상황 속에서 뛰어난 능력을 발휘하는 인물인 것이다.

그렇다면 한 가지 더 질문해 본다. 방금 살펴보았듯 우리는 전장을 누비며 활약하는 순간에서 전형적인 영웅의 모습을 떠올리게 된다. 그 전장은 창과 화살 혹은 총과 폭탄이 날아다니는 실제 역사 속 전쟁터일 수도, 혹은 초능력과 마법이 발휘되는 영화 속 전쟁터일 수도 있을 것이다. 그렇다면 그렇게 각자의 전장에서 누구보다 큰 활약을 한 영웅들이 전쟁이 끝나고 평화가 찾아온 세상에서 맞이하게 되는 엔딩의 모습은 어떠할까?

Show me a hero and I will write you a tragedy

어쩌면 이 글의 제목이 위 질문에 대한 작은 힌트가 될지 모른다. 소설로도 영화로도 유명한 『위대한 개츠비 The Great Gatsby』의 저자 스콧 피츠제럴드 F.Scott Fitzgerald는 이렇게 말한다. "나에게 영웅을 보여다오. 그러면 내가 비극을 써줄 테니." 그의 이 말은 수많은 영웅 이야기가 비극적 요소를 포함하고 있으며, 결국 다수의 영웅이 비극적인 결말을 맞이하게 된다는 사실을 가리키고 있다.

그렇다면 이 시점에서 궁금해지는 것이 있다. 어째서 그렇게 훌륭한 활약과 공적을 남긴 영웅들이 해피엔딩을 맞이할 수 없었던 것일까? 영웅 개인의 성격적 특징 속에 비극의 씨앗이 내포된 것일까? 영웅의 뛰어난 능력과 공적에도 불구하고, 그들이 비극을 맞이할 수밖에 없는 상황이나 환경이 있었던 것일까?

지금으로부터 약 2000년 전을 살았던 중국 역사 속 영웅들, 특히 『사기史記』와 『초한지楚漢志』를 통해 익숙하게 알려진 한漢나라의 명장 한신韓信과 초楚나라의 명장 항우項羽, 그리고 그들을 둘러싼 여러 인물들의 이야기를 통해 이 질문에 대한 답을 찾아가 보려 한다.

적이 사라진 순간 비극은 시작되고 있었다

먼저, 한나라의 뛰어난 무장으로 초한 전쟁 중 한나라가 중국 동북부를 평정하는 데 큰 공을 세우고, 결국 유방의 중국 통일에 크게 기여한 한신의 이야기를 살펴보자. 그는 '토사구팽兎死狗烹'이라는 사자성어에서 알 수 있듯 유방劉邦, 즉 한 고조가 제위에 오른 뒤 결국 비극적인 최후를 맞이하게 된다.

한신韓信은 중국 회음淮陰이라는 곳에서 태어났는데, 젊었을 때 가난하고 별 볼일 없이 살던 그는 항우項羽가 군대를 일으키자 그 밑으로 들어가게 된다. 한신은 여러 차례 항우에게 계책을 올렸지만 받아들여지지 않았고, 결국 항우의 초나라 군대로부터 도망쳐 유방의 한나라 군대로 들어간다. 나중에 한신, 장량張良과 함께 한나라의 삼걸三傑로 이름을 떨치게 되는 소하蕭何라는 신하는 한신이 아주 뛰어난 인물이라는 것을 알아보고 유방에게 추천한다. 소하의 간곡한 추천 덕분에 한신은 결국 한나라 군대의 대장 자리에 오르게 된다.

한신의 뛰어난 활약으로 유방의 한나라 군대는 중국 동북부를 평정해나간다. 그가 얼마나 뛰어난 장군이었는지를 보여 주는 것이 바로 모두 한 번쯤 들어 보았을 법한 유명한 배수진背水陣 일화이다. 성안에서 수비를 단단히 하고 버티는 조趙나라를 공격할 때, 한신은 병사들에게 강물을 등지고 싸울 것을 명령한다. 도망칠 곳이 없어진 한나라 병사들이 죽기 살기로 조나라 군대에 맞서 싸우는 동안, 한신이 보낸 정예병들이 조나라 성안으로 기습해 들어가 한나라 깃발 2천 개를 성벽 위에 세워버렸다. 이것을 본 조나라 병사들은 겁에 질려 도망가기 바빴고, 결국 한신의 군대는 크게 승리를 거둔다.

한신은 이후로도 파죽지세로 밀고 나가 연燕나라와 제齊나라까지 정복한다. 그렇게 전장을 누벼 큰 공을 세우고, 제나라의 왕으로 봉해진 한신에게 괴통이라는 사람이 찾아온다. "지금 한나라 왕과 초나라 왕의 운명은 당신에게 달려 있습니다. 당신이 돕는 쪽이 이기겠지요. 만일 당신이 결정을 내린다면, 당신은 한나라, 초나라와 함께 천하를 셋으로 나누어 세발솥의 발처럼 서 있게 할 수 있을 것입니다." 그 말을 들은 한신은 대답했다. "한나라 왕은 나에게 자기의 수레를 태워 주고, 자기의 옷을 입혀 주고, 자기의 먹을 것을 주었습니다. 그러니 나는 그의 근심을 내 몸에 싣고, 그의 걱정을 내 마음에 품고, 그를 위해 죽어야 합니다. 어떻게 이익을 바라고 의리를 저버리겠습니까?" 그렇게 한신은 천하를 셋으로 나누어 가지라는 조언을 거절한다.

시간이 더욱 흘러 마침내 초나라 군대가 완전히 패배하고, 항우는 스스로 목숨을 끊게 된다. 천하를 통일하고 제위에 오른 한 고조 유방은 한신을 초나라 왕으로 세워 준다. 그러나 이때부터 유방의 귀에 한신이 모반을 꾸민다는 모함이 들려오기 시작한다. 마침내 유방은 한신을 붙잡아오도록 지시하고, 한신은 유명한 토사구팽의 한탄을 내뱉는다. "약삭빠른 토끼가 죽고 나면 훌륭한 사냥개가 삶아지고, 적국이 격파되면 뛰어난 신하가 없어진다고 하더니 과연 그렇구나! 천하가 이미 평정되었으니 내가 삶기는 것은 당연하다."

한신이라는 전장의 영웅은 어째서 이렇게 비극적인 결말을 맞이하게 되었을까? 한신이 한창 공적을 올리던 때, 그에게 천하를 세 개로 나누어 가지라고 조언했던 괴통의 말에 그 힌트가 숨어 있다. 괴통은 그때 한신을 설득하면서 이렇게 말했다. "용기와 지략으로 군주를 떨게 하는 자는 몸이 위태롭고, 공로가 천하를 덮을 만큼 큰 자는 오히려 상을 받지 못하는 법입니다."

용기와 지략이 군주를 떨게 할 만하고, 공로가 천하를 덮을 만큼 큰 사람. 바로 한신 같은 뛰어난 장군은 영웅이라 부르기에 손색이 없다. 전쟁이라는 위기 상황에서 가장 결정적 공을 세우는 것은 언제나 한신과 같은 뛰어난 장군이며, 그래서 그들은 위기가 절정으로 치달을수록 더욱 칭송을 받는다. 그러나 전쟁이라는 파도가 잠잠해지고 평화가 흐르게 되면 이야기는 달라진다. 국가라는 배의 선장, 즉 군주를 위태롭게 할 만큼의 뛰어난 능력과 압도적인 공적은 이제 양날의 검이 되어 비극적 결말을 불러온다.

한나라와 초나라가 한창 전쟁을 벌이던 당시, 유방이 여러 장군의 능력을 평가하다가 문득 한신에게 질문한 적이 있다. "내가 장군이라면 어느 정도나 되는 군대를 거느릴 수 있겠는가?" 한신은 이렇게 답한다. "폐하는 10만 정도 되는 군대를 거느릴 수 있으실 것입니다." 그러자 유방이 다시 질문을 던진다. "그대라면?" 한신은 이번에는 이렇게 대답한다. "저는 많으면 많을수록 좋지요."

한신의 말에 유방은 웃으면서 그렇게 뛰어난 장군이 어째서 자신에게 사로잡혔느냐고 물었다. 그에 대한 한신의 답은 유방이 비록 병사를 직접 거느릴 수는 없지만, 장군을 잘 거느리기 때문이라는 것이었다. 두 사람이 이때 나눴던 대화에서도 알 수 있듯이 장군과 군주는 애초에 기대되는 역할이 다르다. 수십만, 수백만의 병사를 거느릴 수 있는 뛰어난 장군은 외부의 적이 존재하는 순간에는 누구보다 빛나는 영웅이다. 그러나 전쟁이 끝나고 난 그를 기다리는 것은 살얼음판을 걷는 듯한 위기일지 모른다.

비극의 씨앗인 줄 그때 알았더라면

한 고조 유방의 천하 통일에 지대한 공헌을 했던 한신이라는 영웅을 기다리고 있던 비극적 운명에 고개를 끄덕이다 보면, 문득 다시 궁금해진다. 언제나 이인자 장군의 위치에 머물다 결국 비극적 최후를 맞이한 한신과 달리, 명문 가문 출신에 천하를 뒤덮는 힘으로 처음부터 일인자의 자리에서 강력한 초나라 대군을 이끌었던 항우는 어째서 천하를 통일하지 못하고 유방에게 패배하며 비극적 운명의 주인공이 되었을까?

항우가 얼마나 뛰어난 장군이었는지는 그의 마지막 모습에서도 유감없이 드러난다. 유방과 그의 조력자들에게 포위당해 끝이 다가온다는 것을 알게 되자, 항우는 마지막 힘을 다해 혼자서 한나라 군사 수백 명을 죽인다. 그런 뒤 스스로 목숨을 끊기 전, 부하에게 남긴 항우의 말은 다음과 같다. "나의 머리에 천금의 포상금이 걸려 있다 하니 나의 목숨으로 은혜를 베풀어 주마!"

끝까지 기개가 넘쳤던 항우가 맞이하게 되는 비극적 결말의 씨앗은 이로부터 5년 전 홍문(鴻門)에서 잔치가 열리던 날로 거슬러 올라간다. 그 당시 항우와 유방은 둘로 나뉘어 진(秦)나라의 수도였던 함양으로 진격해 들어가던 중이었다. 함양에 다다른 항우는 먼저 도착한 유방이 성문을 굳게 닫아걸고 있다는 이야기를 전해 듣고 크게 분노한다. 홍문이라는 곳에서 40만 병사와 함께 주둔하고 있던 항우는 유방의 10만 병사를 공격하려 하고, 이 소식을 알게 된 유방은 장량의 조언에 따라 항우에게 해명의 기회를 요청하며 홍문으로 찾아간다. 그렇게 항우, 항우의 책사인 범증(范增), 유방, 유방의 책사인 장량 등이 둘러앉아 술잔을 주고받게 된다. 이 기회를 놓치면 유방을 제거할 기회를 다시는 잡기 어려울 것을 내다본 범증은 몇 번이나 항우에게 유방을 죽이라는 신호를 보낸다. 그러나 항우는 초나라 군대가 올 때까지 도적의 침입을 막고자 성문을 지키던 것이라 해명하며 열심히 사죄하는 유방을 살려 보낸다. 이날 범증은 첫 번째로 크게 한탄한다. "아이고! 어린애하고는 일을 도모하는 것이 아닌데! 이제 우리는 죄다 잡히는 신세가 되었다."

다시 3년이라는 시간이 지난 뒤, 한나라와 초나라가 형양(滎陽)이라는 곳에서 한창 대적하던 어느 날이었다. 이 무렵 한나라는 장군 한신의 활약으로 세력을 크게 넓혀가던 중이었고, 이를 알게 된 항우가 크게 분노하여 한나라를 추격해온 것이다. 항우가 이끄는 초나라의 위세에 제후들은 한나라를 배반하고 초나라 편에 섰고, 형양에 주둔해 있던 한나라는 독 안에 든 쥐 신세가 되고 만다. 다급해진 유방은 항우에게 강화를 요청하였고, 이를 받아들이려는 항우에게 범증은 또다시 간언한다. "지금 한나라를 취하지 않으면 나중에 틀림없이 후회하게 될 것입니다." 소식을 전해 들은 유방은 이번에는 책사인 진평陳平이 낸 꾀를 따라 항우와 범증 사이를 이간질한다. 진평의 꾀에 그대로 넘어간 항우는 범증이 유방과 내통한다고 의심하면서, 범증에게 주었던 권력을 조금씩 빼앗는다. 그러자 범증은 두 번째로 크게 노하여 다음과 같은 말을 내뱉고 항우 곁을 떠난다. "천하의 형세가 대략 정해졌으니 이제 왕께서 알아서 하십시오. 나는 고향으로 돌아가 늙어 죽고자 합니다."

그로부터 다시 2년이 지난 뒤, 항우는 해하垓下에서 장렬하고 슬픈 죽음을 맞이하게 되었고, 천하를 통일하여 제위에 오르는 것은 결국 유방이 된다. 유방은 비록 그 자신이 특별히 뛰어난 장군은 아니었지만, 번뜩이는 지략을 가진 인물들을 잘 채용하고 그들이 조언하는 말을 열심히 따랐다. 그래서 때로는 모욕을 감수하면서도, 나아갈 때는 나아가고 물러날 때는 물러났다. 그런 유방과 달리 항우는 산을 뽑을 만한 힘과 천하를 뒤덮는 기개를 가졌지만, 그 곁에 있던 유일한 책사 범증의 조언조차 매번 흘려버리고 말았다. 항우 모르게 뿌려진 비극의 씨앗은 조금씩 싹을 틔우고 자라나 결국 비극적인 최후를 가져오게 된다.

완벽한 그들에게 없었던 한 가지

음양陰陽, 천지天地, 동서東西, 문무文武

이 단어들의 공통점은 무엇일까? 동양에서는 두 글자의 결합으로 이루어진 수많은 단어를 설명하면서 언제나 그 안에 존재하는 상호보완적 관계에 주목한다. 영웅이라는 단어도 예외가 아니다.

> '영英'의 자질을 가진 사람은 재상이 될 수 있고, '웅雄'의 자질을 가진 사람은 장군이 될 수 있다. 특히 둘 중에서도 '영'의 자질이 아주 중요하다. '영'의 자질이 모자라면 주변의 지혜로운 사람이 떠나가고, '영'의 자질이 충분하면 수많은 '웅'이 복종한다. 또한, 모여든 '영'과 '웅'을 전부 잘 다스릴 수 있으려면 '영'과 '웅'의 자질을 모두 갖추고 있는 사람이어야만 한다. 그러면 세상을 다스릴 수 있다.
>
> — 『인물지人物志·영웅英雄』

다음 그림은 2000년 전의 글씨체로 쓴 '영'과 '웅'이다. '영'이라는 글자에는 풀艸 모양이 들어가 있는 한편, '웅'이라는 글자에는 새隹 모양이 들어가 있다. '꽃부리 영', '수컷 웅'이라는 한자 풀이에서도 알수 있듯 '영'이라는 글자는 '문文'의 측면에, '웅'이라는 글자는 '무武'의 측면에 초점이 있다. 특히, 두 글자가 가지고 있는 의미를 조금 더자세히 살펴보면, 두 가지 모두 그 자체만으로는 결코 완전할 수 없다는 사실을 발견하게 된다. 한자가 가지고 있는 본래의 의미를 자세히 설명한 『설문해자說文解字』라는 책에 따르면 '영'은 '꽃은 피웠지만 열매는 맺지 않은 것'을 가리키는 한편, '웅'은 '어미 새와 아비 새 중 아비 새'를 가리킨다. 즉, 두 가지 모두 그중 어느 하나만으로는 완전한 결실을 내기 어렵다는 의미를 함축하고 있는 것이다.

소전小篆으로 쓴 '영'과 '웅'

따라서 우리가 누군가를 진정한 '영웅'이라고 부를 수 있으려면, 그는 지혜로운 '영'의 자질과 용맹한 '웅'의 자질을 고루 갖추고 있어야만 한다. 두 가지가 모두 겸비된 사람만이 천하를 제패하는 영웅이 될 수 있는 것이다. 이 글의 첫머리에서 살펴보았던 공자, 한신, 항우, 유방 중 결국 천하를 통일하는 데 성공했던 유방과 같은 인물은 바로 '영'과 '웅'의 자질을 겸비한 인물에 가까웠다고 볼 수 있다.

그러나 그런 영웅은 세상에 거의 존재하지 않는다. 영웅이라 불릴 만큼 뛰어난 사람들도 대부분은 어느 한쪽에 좀 더 치우쳐 있게 마련이다. 그런데 그중에서도 '영'의 자질이 부족한 것은 '웅'의 자질이 부족한 것보다 훨씬 치명적일 수 있다. 한신과 항우가 맞이한 비극 역시 그들이 누구보다 뛰어난 장군이고 '웅'이었지만, '영'이라는 측면에서 부족함이 있었기 때문일지도 모른다. 두 사람 모두 몇 수 앞을 내다보는 뛰어난 책사들의 조언을 받아들이지 못했고, 지혜로운 이들은 결국 그들의 곁을 떠나가고 말았다.

'영'으로서의 자질이 부족하고, 그래서 주변의 지혜로운 사람이 떠나가는 것이 어째서 그렇게 결정적인 문제가 되었던 것일까? 영웅에게 없어서는 안 될 지혜는 과연 무엇이었을까? 그것은 바로 상황에 따른 적절한 판단을 내리는 능력이라고 할 수 있다. 그 지혜가 부족하면 결정적인 기회를 매번 놓치게 되고, 결국에는 더없는 기개와 용맹으로도 뒤엎을 수 없는 판도를 맞이하게 되는 것이다. 특히, 외부의 적이 사라지고 평화가 찾아올 무렵 내리게 되는 한순간 한순간의 판단에 요구되는 지혜는 영웅들의 최후 결말을 결정하는 데 있어 더없이 중요하다.

비극적인 결말을 맞이했던 한신과 항우. 순진하리만큼 우직했던 두 사람의 성격은 그들의 이야기에 처연한 아름다움을 더해 주며 지금까지도 그들을 기억하게 하지만, 당시의 그들에게는 세상을 다스릴 기회를 놓치고 슬픈 최후를 맞이하게 하는 비극의 씨앗이었다.

2부

영웅, 평범하면서도 비범한!

영문학 속 영웅 이야기
―해리 포터와 호빗이 영웅이 되기까지

손현주

『베어울프』

불을 뿜고 하늘을 나는 사악한 용, 무시무시한 괴물, 거인족과 요정, 마법사와 반인반수의 존재, 이들과 싸우는 용맹한 영웅 전사. 「반지의 제왕」이나 「왕좌의 게임」 같은 판타지 문학, 영화, 게임 등에서 보아왔던 익숙한 모습이다. 영국 작가 톨킨 J.R.R.Tolkien의 대하소설 『반지의 제왕The Lord of the Rings』(1954~1955)이 세상에 나온 후 그가 만든 모험과 환상의 세계는 수많은 사람의 상상력을 사로잡았다. 2000년 대 초 3부작으로 된 영화 「반지의 제왕」 시리즈가 나오자 소설 원작을 접하지 못했던 비영어권 사람들마저 톨킨의 세계에 열광했다. 「반지의 제왕」을 바탕으로 한 수많은 게임과 유사한 이야기들이 쏟아져 나왔다. 세계적인 신드롬을 불러일으켰던 『해리 포터』 시리즈도 톨킨의 영향을 받은 작품 중 하나다. 하지만 톨킨이 창조해 낸 『반지의 제왕』의 세계가 고대영어로 기록된 앵글로 색슨의 전설 『베어울프』라는 작품에서 싹텄음을 아는 사람들은 그리 많지 않다.

『베어울프』는 영문학을 전공하는 사람이라면 누구나 한번은 만나게 되는 작품이다. 동명의 이름을 가진 용맹한 인물의 모험을 그린 서사시로 스칸디나비아와 덴마크 지역을 배경으로 펼쳐지는 바이킹족 전사들의 모험담을 담고 있다. 로마제국이 몰락하고 게르만족들이 유럽 각지의 패권을 다투며 침략 전쟁을 벌이던 시절, 북부 스칸디나비아 지역에 살던 바이킹족들이 로마군이 떠난 영국 섬을 본격적으로 공략하기 시작했다. 8세기 이후 그들 중 일부가 지금의 영국 땅에 정착하는데, 『베어울프』는 그들의 구전 문학이 고대영어로 기록되어 전승된 서사시이다.

『베어울프』 이야기는 크게 두 부분으로 나뉜다. 전반부는 기트족의 용사 베어울프가 흐로드가르 왕의 왕궁을 괴롭혀 온 식인 괴물 그렌델을 죽이는 내용이다. 그렌델은 왕궁의 축제와 노랫소리를 질투해 밤이면 침입해 사람들을 잡아먹지만 이 끔찍한 괴물과 맞서 싸울 사람은 아무도 없었다. 마침내 예이츠 왕가의 용맹한 베어울프가 그 소식을 듣고 찾아와 그렌델과 그 어미를 물리친다.

> 히엘락왕의 신하이자 예이츠족 가운데 훌륭한 사람인 인물,
> 베어울프는 그의 고향에서 그렌델의 악행에 대해서 들었노라.
> 인간 중에서 베어울프는 당대에 가장 힘세고 고상하고 위대했노라.

그는 훌륭한 선박이 그를 위해서 준비가 되도록 명령했느니라.

그는 전쟁 중에 백조의 길(바다)을 건너서 그를 찾아갈 것을 얘기했느니.

전쟁 왕을 찾으러 갈 것이라고,

그 왕이 많은 사람의 도움이 필요하므로

그 유명한 군주를 찾아서 바다를 건너갈 것이라 말했느니라.

베어울프는 엄청난 괴력과 용기로 괴물을 무찌른다. 그렌델과 싸워 팔 한쪽을 뜯어냈고, 도망간 그렌델을 처치하기 위해 물속 깊은 곳에 있는 괴물의 소굴로 찾아 들어가 더욱 포악한 그렌델의 어미마저 처치한다.

작품의 후반부는 베어울프가 고국으로 돌아간 후의 이야기를 다룬다. 고향으로 돌아간 베어울프는 왕이 되었고 50년간 평화롭게 통치한다. 그러던 어느 날 흉포한 용이 나타나 사람들을 죽이고 나라를 혼란스럽게 만든다. 노년의 베어울프는 자신의 힘이 예전만 못하다는 것을 알지만 그럼에도 불구하고 용과 싸울 수 있는 사람은 자기밖에 없다는 것을 알기 때문에 기꺼이 나선다.

베어울프는 마지막으로 영웅적인 맹세를 토하였노라.

"나는 젊은 시절 위험을 무릅쓰고 많은 전투를 참여했노라.

만일 그 악행자(용)가 땅속 굴에서 나와 나를 공격한다면

백성의 수호자인 고령의 나는 여전히 지금도 그 싸움에
대항해서 명예를 얻을 것이니라."
(…)
그 괴물과 힘을 겨루어 영웅적 업적을 이루는 것은
그대들의 몫이 아니며 나를 제외한 다른 사람의 힘으로
되는 것이 아니리라.
나는 나의 기백으로 황금을 획득하겠노라. 그렇지 않으면
격투 끝에 무서운 생명의 파괴자(용)가 그대들의 군주(베어울프)를
빼앗아갈 것이니라."

마침내 용을 죽이지만 상처 입은 베어울프도 결국 죽음을 맞고 사람들이 베어울프의 용맹함을 기리며 성대하게 장례를 치르는 것으로 이야기는 끝을 맺는다. 그를 애도하는 장례식은 현대의 독자들에게는 지루한 군더더기로 보일 수도 있지만, 실은 작품의 가장 중요한 부분이다. 베어울프의 영웅 서사를 노래하고 전승했던 바이킹족들은 기독교도들과는 달리, 죽음 뒤의 영생을 믿지 않았다. 그들에게 진정한 영광은 길이길이 후손들의 기억 속에 남는 것이었다. 공동체를 중시하고 복수와 인과응보를 숙명으로 여겼던 그들은 괴물을 무찌르고, 왕국을 수호하며, 획득한 전리품을 아낌없이 나누어 주는 용사 베어울프와 같은 삶은 가장 영광스럽고 찬양받아 마땅한 것이었다. 베어울프는 보통사람보다 10배는 힘세고 빠르고 용맹한 인물이다. 마치 그리스 신화 속 헤라클레스처럼 인간의 한계를 넘어서는 슈퍼맨

이다. 위험을 앞에 두고 두려워하거나 주저하는 모습은 어디에도 없다. 그는 인간이라기보다 신에 가깝다. 단지 죽는다는 사실만 빼면 말이다.

베어울프의 영웅담을 담고 있는 고대영어 필사본이 18세기에 우연히 발견되면서 이 이야기는 세상에 나온다. 3,182줄로 된 긴 서사시는 19세기 말 20세기 초 갑자기 세인들의 관심을 끌게 된다. 『반지의 제왕』의 저자 톨킨은 언어학자로 고대영어로 된 이 필사본을 현대영어로 번역하는 작업에 몰두했다. 제목도 없는 필사본은 현대인들에겐 낯선 바이킹족 전사들의 장대한 모험과 위험한 괴물이 출몰하는 신비로운 세계를 노래했다. 베어울프 이야기는 톨킨을 매료시켰고 베어울프의 세계는 톨킨의 손을 거쳐 『반지의 제왕』으로 재탄생했다.

톨킨은 베어울프 이야기에서 영감을 받아 『반지의 제왕』 시리즈를 썼다. 『반지의 제왕』의 세계는 베어울프의 세계처럼 어둡고 위험한 곳이다. 여기서는 사우론이라는 절대 악이 세력을 넓히며 세상의 평화와 안정을 위협한다. 그런데 흥미롭게도 톨킨은 사우론에 맞서는 영웅으로 용맹한 전사 대신 작고 순수한 호빗족 청년 프로도를 내세웠다. 호빗은 1m가 채 안 되는 난쟁이들로 평화를 사랑하는 부족이다. 프로도는 불 뿜는 용과도 두려움 없이 싸우는 타고난 용장 베어울프와는 너무나 딴판인 인물이다. 그럼에도 프로도는 동료들과 선한 부족들의 도움을 받아 마침내 거대한 악, 사우론을 무너뜨리는 위

　9장 해리 포터와 호빗이 영웅이 되기까지

업을 달성해 낸다. 그런데 왜 톨킨은 하필 그 험난한 모험 길에 연약한 호빗족 프로도를 던져 놓았을까? 힘세고 용맹한 전사나 왕 대신 작은 호빗이 베어울프 같은 영웅을 대체하게 만든 것은 무슨 이유였을까? 여기서 우리는 "과연 영웅이란 어떤 존재인가?"라는 질문을 마주하게 된다.

카알라일의 영웅론

앞서 『베어울프』가 각광받기 시작한 것이 19세기 말이라고 언급했는데, 이 시기 영국은 "영웅숭배"에 몰두했다. 해가 지지 않는 대제국을 건설한 영국은 전 세계에 걸쳐 식민지 경영에 나섰고, 자국민들에게 역경을 딛고 위업을 달성해 내는 위대한 인물을 롤 모델로 제시했다. 위대한 제국을 경영할 영웅들이 필요했던 시기였으며 "영웅 숭배"가 국가적 사업으로 자리 잡게 되었다.

영문학사에서 19세기는 자서전과 전기문학의 전성기였다. 위대한 인물들의 생애에 대해 알고자 하는 욕구와 대중적 읽을거리를 제공하려는 출판시장의 사업확장, 빅토리아 시대 중산층의 계층상승 욕구와 교육적 필요성, 거기에 제국 경영을 위한 국가적 요구가 맞물리면서 생겨난 현상이었다. 18세기 이후 글을 읽을 수 있는 대중이 급격히 늘어나 소설이 독서 대중의 욕구를 채워 주는 중요한 오락거리로 자리 잡았다. 영국 중산층 가정에서는 저녁 식사 후 함께 모여 한 사람이 큰 소리로 책을 읽고 나머지 식구들은 경청하는 관습이 일상화되어 있었다. 요즘 저녁 식사 후 가족이 함께 TV 시청을 하는 것과 비슷한 상황이라고 생각하면 될 것이다. 가족이 함께 읽을 책은 교육적이고 도덕적이어야 했는데, 소설은 허구인 데다, 순수(?)해야 할 부녀자들이 듣기에 부적절한 내용이 종종 문제가 되었다. 이런 상황에서 위인전기는 가족 독서 시간과 도덕성 함양에 가장 적합한 책으로 여겨졌다.

당시 영국의 '영웅 숭배' 분위기와 '위인전'의 인기는 국가가 나서서 『국민인명대사전 Dictionary of National Biography』 편찬이라는 대규모 사업을 벌였다는 사실만 보아도 그 열기를 미루어 짐작해 볼 수 있다. 당시의 위인전에 대한 관심과 인기는 일본과 중국을 통해 한국에까지 영향을 주었다. 미국의 초대 대통령 조지 워싱턴의 전기를 비롯해, 나폴레옹, 가리발디 등의 위인전이 수입되었고, 이를 모델로 이순신, 을지문덕, 강감찬 등 한국 위인들의 전기가 나와 일제 강점기 시기에 민족혼을 고취하는 수단으로 활용되기도 했다. 지금도 우리 주변에서 흔히 볼 수 있는 어린이와 청소년을 위한 위인전집에 포함되어 있는 동서양의 위인전들도 당시 영국에서 유행했던 위인전 열풍과 무관하지 않다.

19세기 영국의 문필가 토머스 카알라일 Thomas Carlyle (1795~1881)은 영웅과 영웅 숭배 현상에 대해 특별한 통찰력을 보여 준다. 카알라일의 『영웅 숭배론 On Heroes, Hero-Worship, and the Heroic in History』(1841)은 영

웅을 주제로 한 특강을 엮은 것인데, 이 책에서 그는 '영웅'을 신, 예언자, 시인, 사제, 문필가, 왕 등 6가지로 분류했다. 카알라일에 따르면, 영웅은 시대를 읽는 통찰력과 고난을 이기는 성실성을 갖춘 인물로, 시대와 조건에 따라 다른 모습으로 등장한다고 한다. 영웅은 처음엔 "신"으로 간주되었다. 그리스 로마 신화의 신들이 신격화된 종족의 영웅들이라고 이해하면 될 것이다. 다음 단계로 가면, 영웅은 신이 아니라 "신의 영감을 받은 예언자"의 모습으로 등장하는데, 사람들이 더는 영웅을 신으로 여기지 않는 사회가 되었기 때문이다. 그 후 영웅은 성직자, 왕, 시인 등 여러 모습으로 등장하였고, 근대에 들어 인쇄술과 출판의 발달로 '문인'이라는 새로운 형태의 영웅도 출현하게 되었다는 주장이다.

카알라일은 예수를 역사상 가장 위대한 영웅으로 꼽았다. 영웅은 "시대의 징표"를 읽을 줄 아는 인물로 신의 뜻에 따라 자기를 버리고 통찰력을 발휘해 인류의 역사를 이끄는 사람이다. 이런 시각에서 볼 때, 루터와 같은 인물은 종교의 향방을, 크롬웰은 정치를 바꾼 영웅이다. 『영웅숭배론』에서 시인 영웅으로 분류되는 단테와 셰익스피어도 자기가 속한 시대를 통찰한 인물들이라는 점에서 정치인들과 다르지 않다. 카알라일에 따르면 단테는 『신곡』을 통해 기독교 천년의 역사를 아울러 낸 "중세의 대변인 the spokesman of the Middle Ages"이고, 셰익스피어는 엘리자베스조 당대의 "기사도, 예절, 유머, 야심, 당시 사람들의 세계관, 행동 방식 등"을 작품으로 표현해 준 영웅이었다.

카알라일은 인류의 역사를 영웅의 역사, 위인들의 역사로 보았다.

영웅들은 통찰력과 성실성으로 "다른 모든 사람이 표현할 수 있을 듯하면서도 하지 못하여 애태우던 것"을 표현해 주는 대변인이기 때문이다. 단테와 셰익스피어가 그러했듯이. 그는 심지어 "세계의 역사는 위인들의 전기"이며 "역사는 헤아릴 수 없이 수많은 전기의 에센스"라고까지 주장했다. 가끔은 실패한 영웅도 있다. 카알라일이 보기에 최초의 영어 사전을 편찬한 새뮤얼 존슨이 그런 인물이다. 그는 위대했지만, 시대를 잘못 만나 진가를 발휘하지 못한 비운의 영웅, 즉 문인 영웅이었다. 어쩌면 카알라일은 자신도 시대의 징표를 읽는 통찰력을 가진 문인 영웅 중 하나로 인정받고 싶었는지도 모를 일이다.

새로운 영웅의 탄생

역사가 영웅이나 뛰어난 위인에 의해서 만들어진다는 카알라일의 견해에 동의하지 않더라도, 영웅이 자신이 속한 시대의 물리적 조건에 따라 모습을 달리하는 존재들이라는 그의 주장은 앞서 했던 질문에 답이 될 수 있을 것 같다. 즉, "왜 베어울프같이 용맹하고 막강한 힘을 가진 슈퍼맨이 아니라 호빗 청년 프로도같이 작고 힘없는 존재가 영웅으로 떠올랐을까?"라는 질문 말이다. 베어울프가 살았던 시대, 그리고 베어울프의 영웅적 삶을 기리던 사람들이 살았던 시대는 괴물을 물리치고 용과 싸울 만큼 인간의 육체적 한계를 넘어서는 힘센 영웅을 필요로 했을 것이다. 비록 몸은 멀리 조상들의 땅을 떠나

9장 해리 포터와 호빗이 영웅이 되기까지

왔어도 베어울프의 서사를 읊조리며 자신들의 정체성을 다지던 앵글로색슨족들이 살았던 시대는 베어울프처럼 강건한 육체로 적과 싸우는 전사가 요구되던 시대였을 것이다. 반면, 톨킨이 『반지의 제왕』을 썼던 20세기 전반은 히틀러라는 강력한 개인이 게르만족의 영웅으로 떠올라 전 유럽을 전쟁의 소용돌이 속으로 몰아넣었고, 영웅으로 여겨졌던 한 인간의 광기가 얼마나 많은 파괴와 희생을 초래할 수 있는지를 처절하게 경험했던 시기였다. 톨킨의 『반지의 제왕』에 등장하는 악의 제왕 사우론은 보통의 인간 한계를 초월하는 강력한 존재라는 면에서는 베어울프나 헤라클레스 같은 전형적인 영웅의 모습과 닮아 있다. 이렇게 강력한 존재는 영웅이 아니라 베어울프 시대의 괴물과 용처럼 물리쳐야 할 악으로 나타나고, 이에 맞서는 진정한 영웅으로 작고 연약한 호빗을 등장시킨 것은 카알라일의 말처럼 시대적 요구일 수도 있을 것이다. 영웅적 카리스마를 가진 독재자에 대항하는 진정한 영웅은 강력한 힘을 가진 존재가 아니라 선의를 가진 보통 사람들이라는 것 말이다.

20세기는 대중의 시대이고 민주주의를 추구하는 민중의 시대다. 한 사람의 강력한 영웅이 상대적으로 규모가 작았던 공동체를 책임지던 시대가 아니라, 대도시와 대제국을 구성하는 수많은 개인으로 이루어진 대중이 민주적 절차에 따라 함께 협력해 나아가는 사회다. 『베어울프』의 세계가 괴물과 악마가 출몰하는 어두운 숲과 신비로운 동굴과 호수 등 인간이 통제할 수 없는 막강한 자연이 거주지 바깥에서 인간에게 위협으로 존재하던 세상이었다면, 20세기 영국은 산업

혁명을 거쳐 도시화와 산업화, 대량생산과 대중이 출현한 완전히 다른 세상이다. 이 세계에서 공동체를 위협하는 것은 오히려 히틀러와 같은 독재자와 권력을 가진 강력한 조직들이다. 이에 맞서 싸워야 하는 이 시대의 영웅은 프로도와 같이 공동체에 헌신하려는 선함과 자기 헌신을 담보하는 이타적 자세를 가진 인물일 것이다.

『반지의 제왕』에서 영향을 받아 또 하나의 현대의 신화가 된 작품 『해리 포터』시리즈도 이와 유사한 영웅을 제시하고 있다. 주인공 해리 포터는 역경 속에서도 용기를 잃지 않고 꿋꿋이 나아가는 고아 소년이다. 절대 악 볼디모트에 대항해 목숨을 걸고 싸우는 작고 어린 마법사 해리의 모습은 『반지의 제왕』의 프로도와 별반 다르지 않다. 감히 혼자서 대적할 수 없을 만큼 강한 적 볼디모트에 대항해 비록 약하지만 동료를 믿고 힘을 합치고, 목숨을 걸고 싸워 마침내 악을 몰아내는 작지만 위대한 영웅들. 프로도나 해리와 같은 인물들에게서 우리는 현재 이 시대가 요구하는 새로운 영웅상을 발견할 수 있다.

영웅, 시대를 비추는 거울

앞서 우리는 "영웅이란 어떤 존재인가?"라는 물음에 대한 답을 찾아보았다. 중세이전 북해의 차가운 바다를 누비며 정복 전쟁을 벌이던 바이킹족들의 세상에서 영웅은 베어울프처럼 힘세고 용맹한 전사였다. 생명을 위협하는 춥고 험한 자연환경과 끊임없는 전쟁에서 부족들의 생명과 재산을 지키는 것이 최대 과제였기 때문일 것이다. 우리는 베어울프보다 더 널리 알려진 영국의 영웅으로 아서왕 이야기에서 영웅의 또 다른 면모를 살펴볼 수 있다. 베어울프가 영국 섬을 침략했던 바이킹족의 영웅이라면, 아서왕은 영국 섬의 원주민 켈트족의 전설적인 영웅이다. 5~6세기경 실존했다고 추측되는 아서왕의 영웅담은 "원탁의 기사"들의 모험과 얽혀있다.

아서왕의 원탁은 상석과 말석이 구분되어 있지 않아 기사들을 서열화하지 않는 것이 특징이다. 여러 세력을 규합한 아서왕은 원탁이라는 상징적 틀을 이용해 화합을 끌어내려 했다. 다시 말해, 당시 지배층의 복잡한 권력 다툼과 갈등 상황에서 원탁이라는 방식을 사용해 화합과 상생을 이끌어 냈던 것이다. 아서왕 자신을 포함해 원탁에 앉을 수 있는 자격을 가진 기사들을 "원탁의 기사"라 불렀는데 일설에 따르면 원탁에는 예수의 십이 사도와 유다를 포함한 숫자를 본떠 13자리가 있었다고 하고, 다른 곳에서는 150명까지 앉을 수 있는 거대한 원탁이었다고도 한다. 13이나 150과 같은 숫자가 중요한 것이 아니라 그만큼 많은 기사를 동등하게 대우했다는 것에 주목해야 한다. 베어울프의 영웅적 특성이 그의 힘과 용맹함에 있다면, 아서왕의 영웅성은 여러 원탁의 기사들을 아우르는 지혜와 리더쉽에 있다는 것을 알 수 있다. 다양한 세력을 규합해 초기 국가를 만들어 가는 과정에서 갈등을 해결하고 상생과 조화를 끌어내는 통치자의 리더쉽이 필요한 시대였고, 아서왕은 시대가 요구하는 이상적인 덕목을 가진 지혜로운 영웅의 모습이라 하겠다.

우리는 베어울프에서 아서왕으로, 또 호빗 프로도와 해리 포터로 이어지는 영웅의 변천사를 간략히 살펴보았다. 영웅의 모습은 절대적이지 않고, 시대에 따라 변모한다. 과거의 영웅에게는 신과 같은 초월적 능력을 가진 반인반신의 모습도 있었고, 지혜로운 현자의 모습도 있었다. 이제 우리 시대의 영웅은 프로도나 해리처럼 좀 더 인간적이고 평범한 '보통' 사람의 모습에 가까워진 것으로 보인다. 제정일치의 사회에서 왕권을 중심으로 하는 사회로, 나아가 지금은 민중의 힘에 기반한 민주주의가 대세인 사회로 바뀌었고, 이에 따라 영웅의 모습도 베어울프에서, 아서왕을 거쳐, 프로도와 해리로 변했다. 각 시대가 요구하는 영웅의 모습은 그 시대의 권력의 향방과 무관하지 않아 보인다. 결국 각 시대가 필요로 하는 영웅은 그 시대를 반영하고, 우리는 영웅의 모습을 통해 시대를 읽을 수 있다. 영웅은 시대를 비추는 거울인 것이다.

철학자도 영웅이 될 수 있을까?
─『소크라테스의 변명』의 소크라테스

김유석

신화와 철학, 그리고 플라톤

서양에서 신화와 철학은 대립적인 것으로 간주해 왔다. 신화와 철학 모두 세계와 인간의 기원과 본성을 다룬다. 먼저 우리가 '신화'라고 번역하는 그리스어 '뮈토스 mythos'는 '이야기'를 뜻한다. 그런데 이때의 이야기는 눈으로 직접 보거나 출처가 확인된 것이 아니라, 예로부터 입에서 입으로 전해져 내려온 것이다. 그래서 신화는 마치 할머니가 손주들에게 들려주는 옛날이야기와 같은 형식을 띤다. 이러한 옛날이야기의 핵심은 검증 불가능성에 있다. 신화는 역사나 과학이 아니다. 눈으로 보고 검증한 것의 기록이 아니기 때문이다. 그렇지만 신화는 허구도 아니다. 있지 않은 것을 지어낸 것도 아니기 때문이다. 신화는 그 기원과 저자를 확인할 수 없는 오래된 이야기이며,

그런 점에서 참도, 거짓도 아닌 이야기인 것이다. 그렇다면 철학은 어떨까? 신화와 달리, 철학의 담론은 항상 검증과 정당화의 대상이 된다. 철학자는 자신의 주장에 대하여 설명의 부담과 함께 입증의 책임을 진다. 이를 위해 철학자는 이성적인 사유를 통해 탐구 대상을 낱낱이 검토하고 설명하려 애쓴다. 그런 점에서 신화와 달리 철학은 로고스^{logos}, 즉 이성적 사유와 추론에 기반한 설명이라 할 수 있다.

서양문명에서 신화적 담론을 대표하는 호메로스의 영웅 서사시들이 기원전 8세기에 나왔다고 한다면, 최초의 철학자들로 알려진 자연철학자들은 그보다 약 200년 정도 뒤인 기원전 6세기경에 활동했다. 철학자들은 신화의 세계관과 인간관, 특히 영웅 서사시에 담긴 가치관과 윤리를 비합리적이고 일관성이 없다 하여 비판하였다. 특히 철학자 플라톤의 이른바 '시인 추방론'은 유명하다. 당시에 신화를 노래하고 들려준 사람들은 서사 시인들이었다. 그들은 마치 판소리를 하는 소리꾼처럼 축제 기간에 관중들 앞에서 신들과 영웅들의 행적을 노래로 찬양하였다. 하지만 철학자 플라톤은 그의 대화편인 『국가』에서 시인들을 두 가지로 비판한다. 첫째 시인들은 서사시에서 신들 간의 속임수나 질투, 불륜 등을 노래하였고, 그럼으로써 신들을 부도덕하게 묘사했다는 것이다(II-III권). 신들의 훌륭한 속성을 왜곡함으로써 신화에 노출된 아이들에게 나쁜 영향을 끼칠 수 있다는 것이다. 둘째, 시인들은 자연의 너머에 있는 실재를 재현해내는 사람들이 아니라, 오히려 실재의 모방인 자연을 다시 모방하는 사람들이라는 것이다. 따라서 그들의 이야기에는 아무런 진리도 담겨 있지 않다는 것이다(X권).

　하지만 이렇게 신화와 신화를 노래한 서사 시인들에게 혹독한 비판을 가했음에도 불구하고, 정작 플라톤 자신도 그의 철학적 대화 속에서 자연스럽게 신화를 인용하거나, 전통 신화를 흉내 낸 이야기를 만들어 내기도 한다. 예컨대 죽은 자들의 혼이 지하세계에서 심판을 받고 죄과에 따라 다양한 생물로 다시 태어난다는 윤회론을 비롯하여, 인간의 혼이 날개 달린 말과 마부로 이루어진 전차와 같은 모습으로 되어 있다는 영혼론, 그리고 신적인 제작자가 이데아들을 모델로 삼아 이 세계를 무질서로부터 질서로 끌어냈다는 우주론 등이 그렇다. 신화에 비판적인 플라톤이 막상 철학적인 설명을 위해 신화적 서술을 채택한 것을 어떻게 볼 것인지에 대해서는 다양한 해석과 논쟁이 있지만, 적어도 플라톤이 신화적인 이야기를 통해 독자들에게 자신의 생각을 알기 쉽고 분명하게 전달하는 것만큼은 부정할 수 없어 보인다. 그중에서도 이 글에서 주목하려는 것은 바로 플라톤이 스승인 소크라테스의 삶과 철학적 실천에 관해 들려주는 이야기다. 그 이야기에서 소크라테스는 신탁의 수수께끼를 풀고 신이 자신에게 내린 임무를 깨닫고자 모험을 떠나는 영웅처럼 묘사되고 있기 때문이다.

플라톤의 『소크라테스의 변명』

　한국인들 가운데 소크라테스를 모르는 사람은 거의 없을 것이다.

소크라테스는 지금으로부터 약 2500년 전 그리스 아테네 출신의 철학자이다. 많은 사람은 그가 공자, 예수, 석가모니와 함께 4대 성인聖人 중의 한 사람이라고 들어 왔다. 그는 시장과 거리에서 수많은 사람과 덕에 관해 대화를 나눈 거리의 철학자로 알려져 있다. 또한 질문을 통해 상대의 무지를 깨닫게 만드는 이른바 소크라테스식 문답법은 오늘날의 교육자들에게도 유명하다. 하지만 그의 혁신적인 대화술은 보수적인 사람들의 불만을 야기하였고, 소크라테스는 그들에 의해 불경죄로 고발을 당하게 된다. 그는 유죄 판결과 사형 선고를 받은 뒤에 친구와 제자들이 보는 앞에서 최후를 맞이했다고 전해진다. 소크라테스는 키가 작고, 대머리에 눈은 튀어나왔으며 들창코인 추남으로 유명하다. 하지만 그와 조금이라도 대화를 나눠 본 사람들은 금방 소크라테스의 영혼이 지닌 아름다움에 매료되었으며, 특히 수많은 젊은이가 소크라테스를 따랐다고 한다. 소크라테스는 오직 대화만을 나눴을 뿐, 아무런 글도 남기지 않았다. 하지만 그의 이름과 사상이 오늘날까지 알려지게 된 것은 바로 그의 제자들 덕분이다. 소크라테스의 영향을 받은 많은 젊은이는 그가 죽은 뒤에 철학자의 길을 걸었는데, 그들은 자기들의 작품 속에서 소크라테스를 거론함으로써 스승의 이름을 후세에 남길 수 있었던 것이다. 특히 그중에서도 플라톤은 스승을 주인공으로 삼은 철학적 대화편들을 저술하였고, 이 작품들이 오늘날까지 전해진 덕분에 소크라테스의 삶과 사상이 알려지게 된 것이다.

플라톤의 작품들 가운데 소크라테스의 철학적인 삶과 신념을 가장

10장 『소크라테스의 변명』의 소크라테스

잘 보여 주고 있는 작품은 『소크라테스의 변명』(이하 『변명』)이다. 이 작품은 불경죄로 고발된 소크라테스가 법정에서 자신의 무죄를 주장하는 일종의 법정 연설문이다. 플라톤은 법정에 출석하여 스승의 변론을 직접 본 것으로 전해지며, 『변명』은 소크라테스가 죽은 뒤에, 스승의 연설 내용을 재구성하여 하나의 연설문으로 재현한 것이다. 따라서 『변명』 안에는 소크라테스의 주장과 함께 제자인 플라톤의 시각이 어느 정도 섞여 있다고 추측할 수 있다. 『변명』은 기본적으로 고대 그리스의 법정 연설의 형식을 띠고 있지만, 연설 안에서 자신이 법정에 서게 된 과정을 설명하는 부분은 딱딱하고 틀에 박힌 변론문이 아니라 비교적 자유로운 이야기 형식을 띠고 있다. 특히 어떻게 해서 자신의 삶과 철학적 실천이 사람들의 오해와 미움을 불러일으키게 되었는지를 이야기하는 대목은 전통 신화 속의 영웅담을 떠올리게끔 하는 방식으로 전개된다. 달리 말하면, 소크라테스의 삶과 철학적 실천에 관한 이야기는 영웅의 성장기와 모험을 담은 영웅 서사와 닮아있다고 할 수 있다.

전통 신화 속 영웅은 어린 시절 자신의 출생과 혈통에 의문을 갖고, 자신이 마땅히 누려야 할 명예를 찾기 위해 모험을 떠난다. 모험은 가혹하며, 강력한 적들의 공격에 위기를 겪기도 하지만, 영웅은 그 모든 위험을 극복하고 마침내 자신의 가치에 부합하는 명예와 명성을 얻는다. 재미있는 것은 소크라테스의 연설 가운데 자신이 행해온 철학적 실천의 동기를 해명하는 대목(이 부분은 달리 말하면 자신이 사람들에게 오해를 사고 미움을 받게 된 원인을 설명하는 대목이기도 하다.)이 바로 신화적인 영웅 서사를 연상시킨다는 점이다. 『변명』에서 소크라테스는 크게 세 번의 연설을 한다. 첫 번째 연설(17a-35d)은 무죄를 주장하는 연설이고, 두 번째 연설(35e-38b)은 유죄 판결 이후에 형량을 제안하는 연설이며, 마지막 세 번째 연설(38e-42a)은 사형 선고를 받은 뒤에 배심원들에게 남기는 짤막한 발언이다. 그 가운데 소크라테스가 자신의 철학적 실천 동기를 해명하는 대목은 첫 번째 연설에 나온다.

모험의 동기: 신탁의 수수께끼를 풀어라!

소크라테스는 신을 믿지 않았다는 불경죄로 고발당하여 법정에 섰다. 하지만 그에 대해서는 이미 오래전부터 사람들 사이에서 안 좋은 소문이 돌고 있었다. 그것은 소크라테스가 '지혜로운 사람으로서 자연을 탐구할 뿐만 아니라 약한 주장을 강한 주장으로 바꿀 수 있는 무시무시한 언변을 지닌 자'라는 것이다. 소크라테스는 자신을 둘러싼 소문이 지금의 고발에 영향을 끼쳤을 것이라 보고, 소문의 원인을 해명하고자 한다. 소크라테스는 해당 소문의 기원은 인간이 아니라 신으로부터 유래했다고 말한다. 카이레폰이라는 친구가 델피라는 도시를 여행했을 때, 그곳의 신전에 들러 소크라테스보다 더 지혜로운 사람이 있는지를 신에게 물었고, 델피의 신은 영매인 퓌티아의 입을 통해 "소크라테스보다 더 지혜로운 사람은 없다"라고 답했다는 것이다. 신이 영매靈媒나 무당을 매개로 하여 자기 뜻을 전하는 것을 신탁

神託이라고 하는데, 위의 대목에 따르면, 델피의 신은 소크라테스가 인간들 가운데 가장 지혜롭다고 응답한 셈이다. 하지만 정작 이 이야기를 전해 들은 소크라테스는 혼란에 빠졌다고 한다. 왜냐하면 그는 자신이 무지하다고 믿고 있었기 때문이다.

그를 더욱 혼란스럽게 만든 것은 자신이 지혜롭다는 응답이 인간이 아닌 신의 말이라는 데 있다. 그가 알기로 신은 거짓말을 할 리가 없다. 신탁은 소크라테스가 인간들 가운데 가장 지혜롭다고 답했다. 하지만 소크라테스는 스스로 무지하다는 것을 알고 있었다. 만일 소크라테스가 맞는다면, 신이 틀린 것이다. 그러나 신에게는 거짓말이 허용되지 않는다. 반면에 신탁이 맞는다면, 소크라테스의 믿음은 틀린 것이 된다. 이에 대하여 소크라테스는 덮어놓고 신탁의 권위를 인정하지도 않고, 무조건 자기의 믿음을 내세우지도 않는다. 오히려 그는 신탁의 의미를 알아내고자 마음먹는다. 이를 위하여 소크라테스는 도시에서 지혜롭기로 유명한 사람들을 찾아 나선다. 그들과 만나 대화를 함으로써, 그들이 자신보다 더 지혜롭다는 것을 확인하려는 것이다. 어떻게 보면 이것은 신탁의 진위를 검증하는 행위이기도 하다. 소크라테스의 지적인 모험은 그런 식으로 시작되었던 것이다.

아테네의 영웅 테세우스는 트로이젠에서 태어나 어린 시절을 보낸다. 성장한 뒤에 그는 아버지인 아이게우스왕을 찾아 아테네로 여행을 떠난다. 아버지를 찾는다는 것은 왕위를 계승한다는 것, 즉 자신의 본래 신분에 걸맞은 명예를 얻음을 의미한다. 하지만 명예는 거저 주어지지 않는다. 긴 여행에서 수많은 위험을 극복하고 자신의 가치를 입증한 뒤에야 그에 걸맞은 명예를 얻게 될 것이다. 그런가 하면, 이올코스의 왕자 이아손은 숙부에게 부당하게 찬탈당한 아버지의 왕위를 되찾기 위해 세계의 동쪽 끝인 콜키스 왕국으로 여행을 떠난다. 왕위를 되찾으려면 콜키스 왕국의 국보인 황금 양피가 필요하기 때문이다. 이를 위해 그는 그리스 전역의 영웅들을 모아 신성한 배 아르고호를 타고 모험을 시작한다. 황금 양피는 이아손이 마땅히 누려야 할 권력과 명예의 등가물이라 할 수 있다.

소크라테스는 "그보다 더 지혜로운 사람은 없다"라는 신탁을 받는다. 언제나 자신의 무지를 확신했던 소크라테스는 신탁의 내용에 당혹해한다. 결국 그는 신탁의 의미를 이해하기 위해서, 아니 좀 더 엄밀하게 말하면 신의 계시를 검증하기 위해서 여행을 떠난다. 영웅들이 얻고자 했던 것이 명예인 것과 달리, 소크라테스가 얻고자 한 것은 신탁의 의미, 즉 진리이다. 또한 영웅들의 여행이 이 장소에서 저 장소로 이동하는 지리적인 것인 반면, 소크라테스의 여정은 여러 집단의 지혜로운 사람을 만난다는 점에서 사회적인 성격을 갖는다. 하지만, 이들의 여행은 모두 불확실한 것들을 확실한 것으로 만들겠다는 욕망에서 비롯된 것이라 할 수 있다. 그것이 명예이든 아니면 진리이든 말이다.

지혜로운 자들을 찾아 나선 길: 일명 도장 깨기?

자신이 무지하다고 확신하는 소크라테스는 이른바 지혜롭기로 소문난 사람들을 찾아 나선다. 대화를 통해서 그들이 자신보다 더 지혜롭다는 사실을 확인할 수 있다면, 신탁이 틀렸다고 말할 수 있을 것이다. 『변명』에 따르면, 소크라테스는 세 집단에 소속된 사람들을 만났다고 하는데, 그들은 각각 정치인, 시인, 그리고 장인이었다.

소크라테스는 먼저 정치인과 만나 살아가면서 중요하고 가치 있는 것들에 관해 대화를 나눴다고 한다. 하지만 그 결과는 실망스러운 것이었다. 그가 대화를 나눴던 정치인은 자기 스스로 지혜롭다고 여겼지만, 사실은 전혀 지혜롭지 않았던 것이다. 소크라테스는 해당 정치인에게 그가 무지하다는 것을 알려 주고자 애썼다고 한다. 하지만 상대의 무지를 깨닫게 하기는커녕, 오히려 그 일로 인해 소크라테스는 해당 정치인과 대화 참석자들에게 미움을 얻게 되었다고 고백한다 (21b-d).

소크라테스가 두 번째로 만난 사람은 시인이었다. 고대 그리스에서 시인들은 단지 예술가였을 뿐만 아니라 교육자이기도 했다. 시인들은 축제에서 신들과 영웅들의 이야기를 노래로 불렀다. 트로이아 전쟁을 소재로 한 호메로스의 서사시들, 신들의 탄생과 계보를 노래한 헤시오도스의 서사시들, 그 외에도 아이스퀼로스와 소포클레스, 에우리피데스 등과 같은 비극 작가들의 작품들이 넓은 의미에서 시에 해당하였다. 소크라테스는 시인들이 확실히 아름다운 것들, 즉 시작품들을 산출해 내는 능력이 있다고 인정했다. 그리고 이것은 정치인들과 다른 점이기도 했다. 하지만 거기까지였다. 시인들이 보여 준 것은 예술가로서의 영감이었을 뿐, 그들 역시 살아가면서 중요하고 가치 있는 것들에 대해서는 무지하였다. 또한 시인들도 정치인들과 마찬가지로 자기들이 무지한 것들에 대해 스스로 지혜롭다고 믿는 우를 범했다고 소크라테스는 지적한다(22b-c).

소크라테스가 마지막으로 만난 사람은 장인이었다. 장인은 공동체에서 필요로 하는 재화를 생산해내는 기술자들이었다. 소크라테스는 앞의 두 집단, 즉 정치인과 시인들에 대해서는 지혜롭지 못하다고 평가했던 것과 달리, 장인에 대해서는 그가 확실히 지혜를 가지고 있다고 평가한다. 그도 그럴 것이, 장인은 물건을 만들어 내는 사람들이고, 이러한 제품 생산은 그들이 지닌 기술적인 지식이 없다면 불가능한 일이기 때문이다. 장인들은 적어도 자기들이 만들어 내는 제품에 대해서는 확실하게 지식을 가지고 있었고, 그런 면에서 그들은 정치가들이나 시인들과 달리, 지혜로운 사람들이었던 것이다. 하지만 그들의 지혜가 소크라테스를 만족시킨 것은 아니었다. 오히려 그들은 자기들이 지닌 기술적 지혜로 말미암아 시인들과 똑같은 잘못을 범했다고 소크라테스는 지적한다. 왜냐하면 그들은 자기들 분야의 지식을 가지고서 다른 문제들, 특히 다른 더 크거나 중요한 문제들에 대해서도 똑같이 자기들이 지혜롭다고 믿었기 때문이다. 그것은 앞서 시인들이 신들림 덕분에 아름다운 노래를 부르는 것을 가지고서, 그것이 마치 자기 고유의 지혜인 양 착각하고는, 자기들이 모든 면에서 지혜롭다고 주장하는 것과 다를 바 없는 태도였다(22d-e).

이렇게 세 집단에 속한 사람들을 만난 뒤에 소크라테스는 신탁이 절대 틀리지 않았다는 것을 깨닫게 된다. 정치인과 시인, 기술자 모두 인간의 삶에서 중요하고 가치 있는 것들에 관해서는 자기와 마찬가지로 무지하다. 하지만 자신은 스스로 무지하다는 사실을 알고 있었던 반면, 그들은 자기가 무지하다는 사실조차도 모르고 있었던 것이다. 즉 소크라테스는 적어도 무지의 지를 가지고 있었던 반면, 다른 사람들은 이중의 무지를 겪고 있었던 셈이다. 그리고 신탁은 바로 그 점에서 '소크라테스보다 지혜로운 사람은 없다'라고 계시를 보냈던 것이다. 이로부터 소크라테스는 자신에게 신탁을 보낸 신의 의도를 이해하게 된다. 그것은 바로 끊임없이 사람들과 대화를 나눔으로써 그들이 겪고 있는 이중의 무지를 깨닫게 하라는 것이다. 왜냐하면 사람들은 자신이 무지하다는 사실을 모르는 한(즉 자신이 안다고 믿는 한) 그 어떤 것에 대해서도 결코 배우려 들지 않을 것이기 때문이다. 자신의 무지를 깨달았을 때, 그때 비로소 인간은 수치심과 더불어 배움에 욕망을 갖게 된다는 것이다. 그리고 신은 소크라테스에게 동포 시민들이 겪고 있는 이중의 무지를 깨닫게 하라는 임무를 부여한 것이다. 이렇듯 신탁을 통해 신이 자신에게 내린 명령을 이해한 소크라테스는 평생에 걸쳐 사람들과 대화를 함으로써 철학자의 임무를 수행했던 것이다.

소크라테스가 더 많은 사람과 대화를 나누면 나눌수록 그는 더 많은 미움을 받았고, 결국에는 나라의 신들을 믿지 않는다는 불경죄로 고발되어 법정에 서게 된 것이다. 소크라테스가 대화를 거듭할수록 나쁜 평판과 소문이 확대되었다는 것은, 신화 속 영웅들이 모험을 행하면서 점점 유명해지고 존경을 받게 되었다는 것과 방향만 반대일 뿐, 그 전개 과정은 동일하다 할 수 있다. 결국 모두가 테세우스와 이아손, 헤라클레스의 업적을 알게 된 것처럼, 모두가 소크라테스의 대화를 알게 되었던 것이다. 그리고 그런 점에서 신탁의 의미를 찾아나선 소크라테스의 여정은 영웅들의 모험과 크게 다르지 않다고 볼 수 있다. 그렇다면 소크라테스의 최후는 어떨까? 그의 최후 역시 영웅 서사와 비슷하다고 할 수 있을까?

소크라테스는 열심히 무죄를 주장했음에도 불구하고 유죄 판결을 받고, 게다가 사형 선고까지 받게 된다. 하지만 그는 조금도 실망하거나 동요하지 않는다. 오히려 그는 마지막 발언에서 법정의 재판관들에게 예언을 하겠노라고 말한다. '지금 여러분들은 끊임없이 질문을 던지며 여러분을 귀찮게 했던 소크라테스를 재판을 통해 제거한다고 생각하겠지만, 오히려 내가 죽은 뒤에는 나를 따르던 젊은이들이 더욱 더 혹독하게 질문을 던지며 여러분들을 귀찮게 하리라'는 것이다 (39c-d). 소크라테스의 예언은 현실화된다. 그가 사형당한 후, 플라톤을 비롯하여 그를 따랐던 많은 젊은이는 스승의 뒤를 이어 철학의 길로 들어서게 된다. 즉 소크라테스 한 명이 죽음으로써 그의 삶과 이념을 따르던 젊은이들에 의해 철학이 그리스 전역에서 꽃피게 되었던 것이다. 그리고 그들에 의해서 소크라테스의 이름은 사라지지 않고 오늘날까지 내려오게 된다. 즉 그는 적어도 이름에 있어서 불멸하는 신이 된 것이다.

큰 틀에서 보면 철학은 그 성격상 신화와 대립하고 신화를 비판한다. 하지만 그 속에서도 플라톤은 신화의 서사를 차용함으로써 소크라테스라는 철학자의 신념과 철학적 실천을 명쾌하면서도 감동적으로 보여 준다. 고발자들의 야유가 빗발치는 아테네의 법정에서 시종일관 침착하면서도 유머를 잃지 않고 자신의 삶과 신념을 이야기하는 소크라테스의 모습은 오늘날까지도 철학에 관심을 가지고 『변명』을 찾아 읽는 사람들에게 큰 울림을 주고 있다.

톨스토이, 영웅을 논하다
—『전쟁과 평화』의 진정한 영웅

차지원

우리 시대의 '작은' 영웅들

어느 나라, 어느 시대, 어느 사회에나 난세에 나타나 어려움을 극복하고 사람들에게 희망을 가져다주는 영웅에 관한 이야기가 있다. 영웅은 역사 속 국난의 시기에 혜성처럼 나타나 주변 사람들이 겪는 현실의 고난을 해결해 주고 홀연히 사라진다.

이러한 영웅은 대부분 보통 사람과 다르다. 그는 신화의 영웅, 호메로스의 『일리아스』나 『오뒷세이아』에 등장하는 반쯤 신이기도 한 영웅처럼 그려진다. 그는 누구보다 강하고 용맹하며 뛰어나다. 그는 대륙과 해양을 정복하여 영토를 확장하거나, 새로 나라를 세우거나, 난립하는 군소국들을 통합하는 업적을 이루거나, 적은 수의 병사로 수십 배의 적군을 무찌르거나, 싸움에 나아가 백전불패의 신화를 세우는 놀라운 인물이다.

이러한 보통 사람이 아닌 영웅은 현대인에게 이제 현실과는 거리가 먼 전설이거나 옛이야기의 주인공이 되어버린 것 같다. 자잘한 일상사에 쫓기는 현대인에게 영웅이란 이제 별반 필요가 없어진 존재이기도 하다. 무수히 많은 범인凡人으로 이루어진 대중이 살아가는 현대의 삶은 영웅의 활약이 아니라 보통 사람 혹은 평균적 인간을 기준으로 만들어진 사회 체계에 의지해 이루어지기 때문이다. 게다가 때로 '영웅주의'라는 말이 무언가 남다르게 보이려는 사람에 대한 비아냥으로 쓰이기도 하는 것을 보면, 현대인에게 이제 영웅은 더는 소용없는 명칭인지도 모른다.

그러나 지금도 우리가 누군가를 영웅이라고 부르게 되는 일이 드물지 않다. 화재의 현장에 들어가 인명을 구하는 이들, 약자가 폭력을 당하는 자리에 뛰어들어 온몸으로 막아 내는 이들, 급박한 사고를 만난 곳에서 만사를 팽개치고 사람을 구조하는 이들 등 위험을 무릅쓰고 주변 사람을 도와주는 이들은 곳곳에서 나타나고, 우리는 그들을 영웅이라 부른다. 하지만 이들은 신화나 역사의 영웅과는 달리 우리와 다르지 않은 평범한 사람이며 더 뛰어나지도 더 능력이 있지도 않은 보통 사람들이다. 시대가 변하면서 영웅의 기준도 변한 것일까. 하지만 우리가 살아가는 모양새는 크게 달라지지 않은 것 같다. 언제 어디서나 현실에서는 예기치 않은 위기의 순간이 있기 마련인 것을 보면 말이다. 그렇다면 영웅됨이란 실상 깊숙이 들여다보면 우리가 신화나 역사에서 만나는 영웅의 모습과는 조금은 '다른' 무엇인가를 의미하는 것이 아닐까.

여기 그처럼 조금 '다른' 모습의 영웅에 관한 이야기가 있다. 그것은 러시아의 대문호 톨스토이가 남긴 불후의 명작 『전쟁과 평화』이다. 평생 인간의 진정성과 허위의 문제를 탐구해온 톨스토이는 유럽 전체를 휩쓸고 마지막으로 러시아를 침략했던 나폴레옹 군대를 패퇴시킨 1812년 조국전쟁을 소재로 한 대작에서 영웅이란 진정 무엇인지, 진실한 영웅됨이란 무엇인지를 길고 심도 있게 이야기하고 있다.

톨스토이, 새로운 역사를 쓰다

톨스토이가 『전쟁과 평화』를 집필하기로 마음먹은 것은 기존의 역사와는 다른 새로운 역사를 쓰기 위해서였다. 그는 이 작품을 통해 인류의 역사를 움직여 온 힘이 진정으로 어디에 있는가를 발견하기를 희망하였다. 톨스토이는 역사가에 의해 쓰인 역사가 거짓이며 위대한 왕들과 유명한 위인들의 이야기가 아니라 이 세상을 온몸으로 부대끼며 살아가는 수많은 이름 없는 사람들의 이야기로서의 역사가 진실이라 오랫동안 생각하였기 때문이다. 그는 새로운, '다른' 의미의 호메로스가 되기를 원했던 것이다. 『전쟁과 평화』는 19세기 낭만주의의 영웅 숭배적 역사관을 비판한 톨스토이의 독창적인 사관史觀이 반영된 작품이다.

톨스토이가 새로운 역사 기술을 시도하며 조국전쟁이라는 역사적 사건을 택한 것은 당연한 일이었다. 1812년 조국전쟁은 톨스토이 당대의 역사적 사건이기도 하지만 제국 러시아의 역사에서 매우 중대한 의미가 있기 때문이다. 조국전쟁은 제국 러시아 역사에서 가장 큰 국가적 위기였으나, 다른 한편 러시아를 서유럽 열강을 압도하고 유럽 동맹을 주도하는 거대한 제국으로 부상시켰다.

톨스토이는 이 거대한 역사적 사건을 다룬 『전쟁과 평화』가 장편소설도, 서사시도, 그렇다고 역사적 기록도 아니라고 말했지만, 사실 이 작품은 역사이며 동시에 소설이다. 대작가 톨스토이는 이 작품의 집필을 위해 엄청난 분량의 사료와 기록을 조사하였으며, 실제 전쟁을 경험한 수많은 이들의 증언을 들었고 회상록을 읽었다. 그는 대귀족 가문인 자신의 가족을 중심으로 하여 주변의 수많은 실제 인물들의 모습을 작품의 등장인물 속에 그려 넣었다. 역사소설로서 『전쟁과 평화』에 관해 역사적 사실과 소설적 허구 간의 불일치가 지적되기도 했지만, 톨스토이는 역사가에 의해 기술된 역사가 오히려 사실과 동떨어진 허위를 만들어낸다고 비판한다. 톨스토이에 따르면, 역사가는 인물에게 부여된 관념을 위해 인물의 모습을 왜곡시키며 사건의 결과에만 관심을 가지기 때문이다. 그는 조국전쟁에서 있었던 여러 전투에 관한 역사적 기술이나 해석, 그리고 공식 기록 등이 전쟁을 실제로 겪은 이들의 증언과 회상으로부터 너무도 동떨어진 것이고, 사적 자료 속에 짜여 넣어진 소설적 허구가 실상 진실에 가깝다고 생각했다. 톨스토이는 『전쟁과 평화』에서 이러한 역사의 진실한 모습을 그려 내고자 했다고 밝히고 있다.

전쟁이라는 난세에는 영웅이 나타나기 마련이며 역사가에 의해 기술된 역사적 사건 속에는 언제나 영웅이 등장한다. 톨스토이가 『전쟁과 평화』에서 역사를 새롭게 기술하고자 하며 가장 주목한 것도 바로 영웅의 문제였다.

톨스토이는 한두 명의 영웅이나 위인의 의지로 거대한 사건을 설명하는 역사가의 해석에 반대하고 역사의 운명이란 개인의 의지나 힘으로 좌우할 수 없는 것임을 역설한다. 톨스토이의 생각에 의하면, 역사적 사건에서 이른바 영웅이라는 것은 그다지 큰 의미를 가지지 못한다. 전쟁과 같은 거대한 역사적 사건의 원인이 한 인간의 자유의지에 달려 있다고 도저히 생각할 수 없다. 50만의 인간이 서로 죽고 죽인 1812년의 전쟁을 나폴레옹의 정복욕과 알렉산드르 황제의 굳은 애국심 등으로 설명하기란 무의미하다. 그것은 역사적 사건의 진행을 지배하는 신의 법칙 혹은 눈에 보이지 않고 이성으로 포착할 수 없는 높은 섭리에 의해서만이 이해될 수 있다.

이러한 관점에서 톨스토이는 『전쟁과 평화』에서 역사를 움직이는 법칙에 대해 새로운 정의를 부여하면서 영웅의 의미 역시 새롭게 조명하였다. 역사가에게는 영웅이 존재하지만, 예술가에게 "영웅은 존재할 수도 없고 또 존재해서도 안 된다. 다만 인간들만이 존재할 뿐이다."

톨스토이는 나폴레옹이 보여 주는 호메로스적 영웅의 형상과 러시아의 구국 영웅 쿠투조프의 형상을 대비시키면서 개인적 욕망과 공명심으로 인하여 자멸하는 영웅과는 다른 영웅성을 발견하였다. 역사를 움직이는 힘이 신의 섭리임을 깨닫고 민중의 의지 속에서 드러나는 그 힘에 자신의 의지를 복종시키는 고독한 인간 쿠투조프의 형상은 톨스토이가 생각한 진정한 영웅성이 무엇인지를 보여 준다.

반反호메로스적 영웅, 쿠투조프 장군

전 유럽을 손아귀에 넣고 마침내 유럽 가장 동쪽의 마지막 정복지 러시아를 침공한 나폴레옹 군대와의 싸움에서 러시아군을 이끈 지휘관은 총사령관 쿠투조프 장군이었다. 그는 러시아 역사에서 가장 중대한 역사적 사건이 된 1812년 조국전쟁의 영웅으로 지금까지 길이 추앙되고 있다.

그렇다면 톨스토이는 구국의 영웅 쿠투조프 장군을 어떻게 묘사하고 있을까. 그의 영웅됨은 어떤 것일까. 그는 역사가들이 기술하는 전쟁에서 흔히 나타나듯이 놀랍고 뛰어난 신적인 능력을 가진 호메로스적 영웅인가.

톨스토이의 『전쟁과 평화』에 묘사된 조국전쟁은 결코 호메로스가 노래한 것과 같이 장엄하고 명예로우며 극적인 역사가 아니었다. 그것은 장대하지만 한없이 복잡다단하게 뒤얽힌, 답답하고 막연한 과정이었다. 톨스토이는 프랑스군이 얼마나 무모하고 공허하게 전쟁을 이끌어왔는지, 러시아에 들어온 두 달 동안 군기 한 폭, 대포 한 문, 군단 하나 노획해본 일 없는 기묘한 전쟁에서 나폴레옹이 얼마나 불길한 예감에 시달리고 있었는지를 묘사한다. 또한 쿠투조프 장군이 이 재앙으로 인해 얼마나 피로해 있는지, 러시아군이 얼마나 지리멸렬하게 혼란에 빠진 채로 전쟁을 질질 끌고 있는지를 보여 준다. 이것이 전쟁의 실상이다. 프랑스군이나 러시아군이나 어느 싸움에서도 총사령관의 명령과 계획을 실행한 바는 없다. 러시아의 명문 귀족이자 조국전쟁에 참전한 사령관 니콜라이 무라비요프는 『전쟁과 평화』에 관해 이보다 더 정확한 묘사를 읽은 적이 없으며 자신의 경험으로 보아 전투 중 총사령관의 지령이란 실행 불가능한 것임을 확신한다고 말한 바 있다.

쿠투조프는 결코 용맹하고 비극적인 호메로스적 영웅이 아니다. 그는 전투의 결정을 앞에 두고 끊임없이 회의하고 망설이며 미적거린다. 그는 젊고 건강하며 풍채가 좋은 영웅의 모습과 거리가 멀다. 나약하고 늙었으며 뚱뚱하고 수면 부족에 시달리는 그는 거의 항상 벽난로 앞 의자에 몸을 파묻고 생각에 잠겨 어떻게 프랑스군을 러시아에서 물러나게 해야 할지, 그 과정에서 어떻게 러시아군의 희생을 줄일 수 있을지 계속 고민에 빠져있다.

엄청난 희생을 치른 보로디노 전투 이후 모스크바를 소개(疏開)해야 하는 상황에서 쿠투조프는 다른 지휘관들의 반대에 직면한다. 그들은 애국심을 과시하듯이 프랑스군에 맞서 모스크바를 방어해야 한다고 목소리를 높인다. 톨스토이에 따르면 이것이 부적절한 싸움이며 무의미한 희생을 야기할 것을 알면서도 애국심을 전신에 드러내며 방어전을 벌이자고 소리 높여 주장하는 그들은 "자신을 영웅이라고 믿어버리고 자기들의 행동이 무엇보다도 가치 있고 칭찬할 만한 일인 듯이 스스로 생각"하는 거짓 영웅들이다.

역사적 사건을 지배하는 것은 영웅이라 불리는 한 인간의 의지와 권력이 아니라 보이지 않는 거대한 힘이다. 거짓 영웅들은 사실 이러한 불가해한 힘의 맹목적인 기계에 지나지 않는다. 이 힘을 이해하고 이 힘의 법칙을 통찰하는 이가 진정으로 위대한 영웅이며, 조국전쟁에서 쿠투조프 장군은 바로 그러한 영웅의 모습을 보여 준다. 쿠투조프는 보로디노 전투의 결과를 통해 프랑스군 내부에서 진행되는 패퇴의 움직임을 확신한다. 주위 사람들과 달리 쿠투조프는 홀로 보로디노 전투가 승리로 끝났으며, 모스크바를 잃는 것이 러시아를 잃는 것이 아니고, 프랑스군이 이제 퇴각할 것이라 주장한다. 그러므로 어떤 전투도 쓸모없는 희생이 될 뿐이다.

'공세를 취하면 질 것뿐이라는 사실을 그들도 알 수 있을 것이다! 인내와 시간... 이것이야말로 내 싸움의 영웅인 것이다!' 쿠투조프는 생각했다. (…) '사람들은 모두 짐승을 죽였는지 어떤지 뛰어가서 보고 싶어 한다. 그러나 조금만 기다려 보면 알게 될 것이다. 그런데 그들은 줄곧 작전이니 공격이니 떠들고 있거든!' 하고 그는 생각했다. '무엇 때문에? 모두 공훈을 세우고 싶어 해서야. 마치 싸우는 일이 무슨 재미있는 일이나 되는 것처럼 그들은 어린애들이 뭐가 뭔지 아무것도 모르고 오직 잘 싸우는 것을 자랑하고 싶어 하는 것과 같단 말이지.'

톨스토이에 따르면, 역사에서 일컬어지는 영웅이란 헛된 공명심에 사로잡힌 노예이자 명성과 영예의 공허한 꼭두각시에 불과할 뿐이다. 쿠투조프 장군은 어떤 영웅적인 모습도 보여 주지 않는다. 보로디노 전투의 결전을 앞두고, 보로디노에서의 엄청난 참화를 겪은 이후, 그리고 모스크바의 소개에 관한 회의에서도, 쿠투조프는 오히려 영웅에 어울리지 않게 끊임없이 걱정하고 불안해한다. 그의 머릿속에 있는 것은 오직 불필요한 싸움을 피하고 인명 피해를 최소한으로 줄이는 일이다. 그를 제외한 모두가 공훈을 세우고, 기동 작전을 감행하여 주변을 놀라게 하며 적을 몰살시켜 귀족과 황제의 환심을 사려는 열렬한 욕망에 사로잡혀 있다.

프랑스군의 패퇴가 이미 정해진 상황에서도 러시아군의 지휘관들은 모두 이구동성으로 공격을 요구하며 그 과정에서 무언가 영웅적인 수훈을 세우려는 생각에 골몰해 있을 때, 오직 쿠투조프 장군만이 이미 퇴각하는 적군을 "잔인하게 때려눕히는 것"에 반대한다.

이처럼 1812년 프랑스군이 모스크바 근교 보로디노에서 러시아군을 무너뜨리고 모스크바를 점령했고 이후 괄목할 만한 전투가 없었음에도 불구하고, 패전은 러시아가 아니라 나폴레옹의 60만 대군에게 돌아갔다. 원초적인 힘들이 혼란스럽게 소용돌이치는 전쟁이야말로 역사적 대사건에서는 인간의 의지가 아니라 예측할 수 없는 우연이 사건의 추이를 몰고 간다는 사실을 가장 적나라하게 보여 준 것이다. 프랑스 군대는 영웅 한 사람의 의지와 수훈이 아니라 프랑스 병사들 개개인의 내면에 잠재해 있는바 무의미한 파국의 현장을 벗어나려는 집단적 갈망, 그리고 조국의 영토로부터 적군을 몰아내려는 러시아 병사들 내면의 의지로 자멸한다.

톨스토이에 따르면, 참된 정치적이고 군사적인 예지는 이러한 집단정신을 직관적으로 통찰하는 데 있다. 쿠투조프 장군은 오랜 군사상의 경험과 늙은이의 지혜로 죽음과 싸우고 있는 몇십만의 인간을 혼자서 지휘할 수 없다는 것을 알고 있었다. 그는 싸움의 운명을 결정하는 것은 총사령관의 명령도, 군대가 점령하고 있는 장소나 대포, 전사자의 숫자도 아니고, 다만 사기±氣라고 불리는 종잡을 수 없는 힘이라는 사실을 알고 있었다. 그는 이 힘을 끊임없이 주시하고 자기의 권력이 미치는 한에서 그것을 이끌어 나가고 있다. 톨스토이는 그것이 지성과 학문에 의해서가 아니라 러시아인으로서의 자신의 존재 전체를 통해 러시아군 병사 각각이 한결같이 느끼고 있던 것을 스스로 알고 느꼈기 때문이라고 말한다.

톨스토이는 조국전쟁을 둘러싼 긴 이야기의 마지막에서 자신의 역사철학을 다음과 같이 정리하고 있다.

역사적인 사건의 원인은 무엇인가? 권력이다. 권력이란 무엇인가? 권력이란 한 인물에게로 옮겨진 다수 의지의 총화이다. 어떤 조건 하에서 민중의 의지는 한 인물에게로 옮겨지는가? 그 인물이 모든 사람들의 의지를 표현한다는 조건이다.

영웅이 자신의 의지를 행사할 수 있는 수단인 권력은 그의 자의적인 욕망이 아니라 다수 민중의 의지를 아우르는 공적 명분에 의해 도덕적으로 합리화될 수 있다. 그러므로 역사를 지배하는 무의식적인 거대한 집단정신은 지휘관으로부터 명령이 아니라 복종을 구한다. 참다운 지휘관이란 그 불가항력적인 집단정신에 귀를 기울인다. 그러므로 그는 억지로 지휘하고 통제하려 들지 않는 사람이다. 톨스토이는 조국전쟁의 역사 속에서 두 종류의 영웅을 대비시키며 진정한 영웅의 모습을 그려 보였다. 호메로스적 영웅은 자신의 의지만을 믿고 다른 이들을 자신에게 복종시켜 운명을 스스로 만들려고 하다가 거대한 힘 앞에서 쓰러지고, 그와 다른 의미의 영웅은 어떤 공명심도 없이 겸허한 영혼으로 민중의 의지를 이해하고 그 불가해한 힘 앞에 복종하며 자신의 의지를 그 높은 힘에 일치시키려 노력함으로써 최후의 승리자가 된다. 『전쟁과 평화』에서 전자와 같은 영웅은 나폴레옹이며 톨스토이가 진정한 영웅으로 평가하는 후자는 쿠투조프의 형상 속에 구현되고 있다.

총사령관 쿠투조프는 역사적 사건의 거대한 흐름을 이끌고 가는 신의 섭리, 한 사람의 위대한 영웅이 아니라 수많은 평범한 인간들의 의지의 총화總和로 실현되는 높은 힘의 의지를 읽고 자신의 권력을 그에 부합하여 실현함으로써 진정한 영웅이 되었다. 안드레이 볼콘스키 공작은 쿠투조프 장군과의 만남에서 이를 무의식적으로 느낀다.

볼콘스키 공작의 눈에 비친 쿠투조프 장군은 주변 사람들과 한눈에 구별되는 용맹하고 뛰어난 호메로스 신화적 영웅의 모습이 아니다. 그는 개성적이지 않았으며 다만 "사건을 종합하고 귀납하는 능력"밖에 가진 것이 없었다. 이처럼 톨스토이가 볼콘스키 공작의 눈을 통해 쿠투조프의 영웅성으로 주목한 것은 "그저 조용히 사건의 진행을 관조하는 능력"이며 개인의 욕망이나 의지를 넘어선 더욱더 크고 높은 실체를 인식하는 힘이었다.

> 그는 자기 의지보다도 더 강한 어떤 것, 말하자면 필연적인 사건의 진행이 있음을 알고 있다. 그 사람은 사건을 보는 재주를 가졌고 사건의 의의를 이해할 힘도 있다. 그리고 이러한 의의를 생각해서 그와 같은 사건에 참가하기를 피하고 다른 것에 돌려진 자신의 의지를 굽힐 줄도 안다.

쿠투조프가 볼콘스키 공작에게 설명할 수 없는 믿음을 준 것은 장군이 결과와 상관없이 자신이 공적을 세우려는 공명심, 스스로 영웅이 되려는 사심私心이 아니라 국가와 민족이라는 공동체의 의지를 자기의 것으로 삼고 있었기 때문이었다.

톨스토이는 또한 쿠투조프 장군이 삶에서 소박하고 겸허했으며 자신의 역할이 어디까지인지를 분명히 알고 그것을 넘어서려 하지 않았기 때문에 그를 진정 위대했던 영웅이라 평가했다. 그는 영웅성을 의식하지 않는 영웅, 결코 영웅이고자 하지 않은 영웅이었다.

언제나 지극히 단순하고 평범한 인간으로서의 태도를 보였던 쿠투조프의 영웅적이지 않은, '다른' 영웅성은 불가능이란 없다고 외치며 수십만 대군의 선봉에서 전장으로 돌진하여 전 유럽을 전화戰火의 불구덩이로 몰아넣은 나폴레옹의 호메로스적 영웅성과 끊임없이 대조되고 비교된다. 나폴레옹이 뛰어난 능력을 가진 개인의 의지와 욕망으로 역사를 움직여가려는 영웅이라면, 쿠투조프는 "자기 의지보다 강한 어떤 것, 필연적인 사건의 진행"이 있으며 그것을 움직여 가는 것은 민중의 의지임을 이해하는, 삶에서 소박하고 겸허한, 톨스토이가 생각한 '다른' 의미의 영웅이었다.

러시아는 나폴레옹에게 승리를 거둠으로써 쿠투조프의 바람처럼 전쟁을 끝낸 것일까. 쿠투조프는 자신이 러시아만이 아니라 유럽을 구했다고 치하하는 알렉산드르 1세에게서 자신이 이해하지 못하는 정치적 욕망을 읽는다. 전쟁은 아직 끝나지 않았다. 조국전쟁의 승전으로 유럽의 강자가 된 러시아는 이제 유럽으로 나아가 유럽 전체의 세력균형과 공조를 경영해야 하는 또 다른 역사적 국면으로 접어든다. 쿠투조프는 이와 같은 또 다른 전쟁을 알지 못했고 원하지 않았으므로 권력으로부터 물러난다.

그는 모든 군사 정치적 문제로부터 관심을 끊고, 조용히 평범한 삶으로 돌아갔다. (…) 쿠투조프는 유럽이라든가 세력균형이라든가 나폴레옹이라든가 하는 것이 무엇을 뜻하는지 이해하지 못했다. 적이

11장 『전쟁과 평화』의 진정한 영웅

패망하고 러시아가 해방되어 최고의 영예에 이른 뒤에는 러시아인의 대표자요 가장 러시아인다웠던 그는 이제 더는 러시아인으로서 아무 할 일이 남아 있지 않았다.

『전쟁과 평화』에서 톨스토이는 쿠투조프 장군을 민중의 집단의지와 신의 섭리를 포착하며 그에 봉사하는 진정한 영웅으로 형상화하였지만, 동시에 그를 결코 신과 다름없는 무적의 호메로스적인 절대적 영웅으로 그리지 않았다. 그는 조국전쟁이라는 역사적 사건이 요구한 역할을 겸허하게 수행하였지만, 전쟁 이후의 러시아는 이제 자신의 역량을 넘어서는 새로운 사명을 요구하고 있음을 깨닫고 역사의 무대에서 한 점 미련 없이 퇴장한다. 톨스토이는 이와 같은 겸허함에서 또한 쿠투조프 장군의 영웅성을 발견하였다.

조국 전쟁 이후 러시아는 자국의 경계를 넘어 유럽 전체의 차원에서 국가를 경영해야 하는 시대로 진입한다. 새로운 역사적 국면을 맞이하는 이때에도 역시 알렉산드르 1세를 비롯하여 수많은 사이비 영웅이 나타나 됨됨이와 능력에 대한 성찰은 뒷전으로 하고 영웅적인 업적을 이루고 공훈을 세우고자 소란을 피운다. 톨스토이는 알렉산드르 1세와 그를 둘러싼 장군들과 신하들이 쿠투조프와 같이 민중의 의지를 아우르는 진정한 영웅이 아니라 자기 개인의 야망을 불태우는 사이비 영웅이었기 때문에 근대적 개혁을 제대로 이루지 못했다고 판단하였다. 그리하여 이후 유럽으로 나아간 러시아의 정치 현실은 크림전쟁에서의 패배를 향해 내리막길을 달리게 된 것이다.

민중, 역사의 진정한 영웅

『전쟁과 평화』에서 톨스토이는 역사에 관련된 두 가지 본질적 문제에 대한 대답을 얻었다고 이야기하고 있다. 그것은 권력과 민중의 문제로, 또한 영웅과 관련된 것이기도 하다.

　첫째, 권력이란 무엇인가?
　권력이란 어떤 한 인물의 다른 인물에 대한 일종의 관계이며, 이 관계는 그 인물이 사건에 관여하는 정도가 작으면 적을수록 현재 행해지고 있는 종합적인 행위에 관한 의견과 예상, 정당화를 더욱 많이 표명하게 된다는 것이다.
　둘째, 어떠한 힘이 민중의 운동을 끌어 일으키는가?
　민중의 운동을 끌어 일으키는 것은 종래의 역사가가 생각했던 것처럼 권력도 아니고 지적인 활동도 아니며 양자의 결합은 더욱 아니다. 그것은 사건에 직접 관여하고 있는 모든 사람의 활동인 것이다.

그러므로, 역사를 움직이는 힘은 민중이다. 톨스토이에 따르면, 역사적 사건에서 권력은 다른 이들을 지배하려 하면 할수록 다수 혹은 민중의 의지에서 벗어나는 그릇된 길로 가게 된다. 쿠투조프와 같은 진정한 영웅은 권력을 통해 사건에 직접 관여하기보다 거대한 민중의 운동을 통찰하고 아울러 냈기 때문에 전쟁에서 승리를 이끌어 냈다. 어떤 의미에서 영웅은 민중 의지의 대리자인 것이다. 진정한 영웅이 인식하고 내면화해야 하는 민중의 운동은 지도자의 권력에 의해서가 아니라 민중 자신의 활동으로 이루어진다. 그러므로 톨스토이는 여기서 또 하나의 영웅을 발견해 낸다. 그것은 전쟁이라는 "역사적 사건에 직접 관여하는 수많은 작은 단위들", 즉 민중이다.

보로디노 전투로부터 프랑스군의 괴멸에 이르기까지 1812년의 전쟁 기간엔 다음과 같은 사실이 증명되었다. 곧 전쟁의 승리는 정복의 원인이 되는 것이 아닐뿐더러 정복의 불변 지표도 아니라는 사실, 국민의 운명을 결정짓는 힘은 정복자나 군대, 전투가 아니라 그 밖의 다른 요소에 의해 결정된다는 사실이다.

프랑스 역사가들은 (…) 이러한 재앙은 그 어떤 인물이 나왔더라도 해결할 길이 없었다고 강조한다. 왜냐하면 모스크바 근처의 농부들은 자기네의 건초에 불을 지름으로써 이를 프랑스군의 손에 넘겨주지 않았기 때문이다. 전쟁에서는 승리로 끝났음에도 불구하고 그와 같은 결과를 가져오지 못한 것은 프랑스군이 모스크바를 물러난 뒤, 카르프니 블라스니 하는 이름의 무수한 농부들이 물건을 훔치러 짐마차를 몰고 모스크바로 몰려들었던 도무지 영웅심 따위는 없는 그 사람들이 아무리 돈을 많이 준대도 모스크바에 건초를 가져가지 않고 몽땅 불태워 버렸기 때문이라는 것이다.

조국전쟁을 승리로 이끈 것은 바로 이들, 무수한 영웅 아닌 영웅들의 활동이다. 톨스토이에 따르면, 가장 권력으로부터 먼, 가장 명령을

덜 내리게 되는 이들일수록 사건에 참여하는 활동이 많아지기 때문이다. 명령하는 자는 실상 사건 그것에 참여하는 일이 가장 적고 그 활동력은 오직 명령으로만 돌려지게 된다. 지휘관의 명령이 실행되는 것은 오직 이 수많은 이들이 이끌어가는 사건에 상응한 경우에서일 뿐이다.

단순하고 소박하며 진실하고 선량한 병사 플라톤 카라타예프, 쉔그라벤 전투에서 죽음을 불사하고 포대를 지킨 이등 대위 투신 등의 형상 속에, 어지럽고 갈피를 잡을 수 없는 전쟁 통에도 영지와 저택, 전장의 한복판에서 묵묵히 충실하게 주인을 섬기는 하인 표트르와 세묜, 두냐샤, 미샤, 포카, 유모 아니시야 표도로브나, 사냥꾼 다닐로, 마부 미치카 등 주요 등장인물들 뒤에 보이지 않게 존재하는 무수히 많은 하인과 농민의 형상 속에, 역사적 필연으로서 조국전쟁의 승리를 가져올 거대한 저력이 잠재해 있다.

톨스토이는 『전쟁과 평화』의 주인공들이 이러한 진리를 깨달아가는 인식의 과정을 그린다. 안드레이 볼콘스키, 피에르 베주호프, 니콜라이 로스토프 등 러시아 귀족 장교들은 실제 전투를 겪으면서 영웅의 자질이란 이들과 같은 평범한 보통 사람들, 민중의 미덕에 있음을 발견한다. 쿠투조프 장군은 단순함과 소박함, 즉 영웅적이지 않은 '다른' 영웅성을 통해 바로 이러한 민중적 덕성과 연결된다.

톨스토이는 『전쟁과 평화』를 통해 역사가들이 영웅이라는 존재의 특징을 선악의 척도를 넘어선 위대함에서 발견하는 것에 반대하며 민중의 "단순함과 선량함과 정의가 없는 곳에서 위대함도 있을 수 없다"고 주장하였다. 그에게 영웅됨이란 "자기 의지보다 더 강한 어떤 것, 말하자면 필연적인 사건의 진전이 있음을 알고" 앞에 몸을 낮추는 민중의 덕성 없이 실현될 수 없는 것이었다. 역사의 진정한 법칙을 연구하기 위해서는 관찰 대상을 바꾸어, 황제와 대신, 장군을 멀리하고 민중을 이끄는 힘의 원천을 연구해야 한다고 믿은 톨스토이에게 조국전쟁의 진정한 영웅은 바로 민중이었다.

러시아 각지에는 영웅에게 바치는 수많은 기념비와 동상이 서 있다. 하지만 러시아인들은 역사를 이끌어간 영웅됨이란 민중의 의지를 담아 내는 것이라는 톨스토이의 믿음을 간직하고 있는 것 같다. 이들은 뛰어난 공을 세운 개인만이 아니라, 제2차 세계대전 시 동부전선에서 엄청난 인명의 희생을 치렀던 도시에 영웅의 칭호를 부여하였다. 레닌그라드(지금의 상트페테르부르크)를 비롯한 러시아의 12개 도시가 '영웅 도시'라는 칭호를 받았다. 동부전선에서 일주일간 처절한 방어전을 치른 브레스트 요새는 '영웅요새'라고 불린다. 역사의 진정한 영웅이란 민중이라는 톨스토이의 역사철학이 러시아 역사에 면면히 내려오고 있음을 가장 실감하게 하는 것은 모스크바와 페테르부르크를 비롯한 러시아의 도시 중심에서 꺼지지 않고 타오르는 무명용사를 위한 불이다.

우리 시대 영웅의 조건과 자격
―『춘추좌전』의 진문공 희중이

손애리

우리 시대의 영웅

얼마 전 지하철 승강장에서 심정지가 와서 쓰러진 사람을 지나가던 간호사가 심폐소생술을 실시하여 살려낸 일이 있었다. 이를 보도한 언론 기사의 인터넷 댓글에는 당신이야말로 '이 시대의 영웅'이라는 찬사가 이어졌다. 몇 가지가 질문이 떠올랐다. 먼저 사람들은 영웅을 무엇이라 생각하는 걸까? 그냥 영웅이 아니라 이 시대의 영웅이라고 한다면, 영웅은 시대마다 다른 모습을 하고 있는 걸까? 그렇다면 다른 시대의 영웅과 우리 시대의 영웅을 구별 짓는 잣대는 무엇일까?

일반적으로 영웅 이야기는 고난 극복을 주요 줄거리로 갖고 있지만 고난을 극복한 사람들을 모두 영웅이라고 부르지는 않는다. 예컨대 어려운 환경에서 열심히 공부하고 일해서 더 잘살게 된 사람들을 영웅이라고 하지는 않는다. '이 시대'의 영웅이란 말에서 하나의 단서를 얻자면, 자신의 문제만이 아니라 공동체 성원이 직면한 시대적 과제와 대면하여 동시대 사람들의 문제를 해결하고, 더 나은 세계로 인도했을 때 우리는 그들을 영웅이라고 부른다.

각 시대의 과제가 다르므로 요청되는 영웅의 구체적인 상은 시대마다 다르다. 이 글의 주인공 진문공晉文公 중이重耳(기원전 697~기원전 628)처럼 부모와 형제로부터 목숨을 위협받으며, 19년간 망명 생활을 하고 돌아와 자신의 나라를 패권국의 반열에 올려놓는 '영웅'을 21세기에는 발견하기 어려울 것 같다. 아무리 탁월한 사람에게도 그런 기회는 좀처럼 열리지 않을 것이다. 우리 시대와 그들의 시대가 엄연히 다르고, 심지어 영웅이 필요해 보이지도 않는 시대에 다른 시대 영웅의 삶을 반추하고 참고할 이유가 있을까?

영웅이 수행하는 구체적인 문제들은 시대마다 다르겠지만 영웅이라 불리는 사람의 태도, 자질, 덕목에는 어떤 공통점이 있다. 전쟁 영웅에게는 용감함이, 외교적 영웅에게는 화술이 중요한 능력이 되겠지만, 재능이 영웅의 기본 조건은 아니다. 이 글은 만약 영웅의 조건이라는 것이 있다면, 동북아시아 지역에서 문명화된 국가들이 세워질 무렵 그 시대의 과제를 자신의 소명으로 인식하고, 매진해 나갔던 인물에게서 그것을 찾아보고자 한다. 과연 그것이 오늘날에도 적용할 수 있는 영웅 됨의 조건이 될 수 있는지 생각해 보자.

중이가 살았던 춘추시대

기원전 770년부터 기원전 403년의 시기를 춘추시대라고 부른다. 춘추시대 이전에는 주나라가 친족과 공신들에게 땅을 나눠주고, 제후로 임명해 각기 자신들의 나라를 다스리게 하면서 다른 제후국들 위에 권위를 갖고 군림할 수 있었다. 그러나 주나라보다 강성한 제후국이 등장하면서 주나라의 권위는 점차 상실되었다. 또한 내부 실정이 계속되고, 외부 유목민족의 침입을 받아 주나라는 결국 도읍을 동쪽의 낙읍으로 옮겨야 했다. 주나라가 세력이 약해져 동쪽으로 도읍을 옮긴 이후를 '동주시대'라고 하며, 이전의 잘나가던 '서주시대'와 구별하는데, 이 동주시대가 바로 춘추시대의 시작이다. 춘추시대에는 힘을 상실한 주나라에 이어 춘추오패春秋伍霸라 불리는 제, 진, 초, 오, 월과 같은 제후국들이 패권을 잡았다. 동시에 제후국 내부에서도 하극상이 일어났다. 제후의 아래 서열은 경대부 즉 경과 대부인데, 힘을 기른 대부들이 독립해 나라를 세우는 일이 생겼다. 중이의 진나라 또한 이런 하극상과 무관하지 않았다.

중이의 조상들은 대대로 진나라 땅인 곡옥에 봉읍을 갖고 있었다. 곡옥을 관리하며 세력을 키우던 중이의 증조부는 곡옥이 진나라 도읍인 익성보다 커지자 진나라 군주 효후를 시해한 전력이 있다. 조부 또한 진나라 군주 애후를 시해하고 마침내 진나라를 정벌해 스스로 진나라 군주에 올랐고, 중이의 아버지 헌공이 뒤를 이었다. 헌공은 자신의 권력을 위협할 가능성이 있는 진나라의 공자들과 그 세력들을 모두 죽이는 피비린내 나는 살육을 감행한다. 이로써 중이 집안은 삼대에 걸쳐 진나라 권력을 찬탈하고 공고히 했다. 그러나 자기 나라 군주를 시해하고 임금의 자리를 찬탈하며, 대규모의 숙청을 했다는 오명을 지울 수는 없었다.

그 때문에 우리의 주인공 희중이(중이의 성은 희姬 씨이다)가 마주한 시대적 과제란 하극상과 원한 위에 위태롭게 서 있는 진나라를 화합과 통합으로 이끄는 것이었다. 더하여 국내 상황을 수습하면서 이웃 나라들과 패권 경쟁에 뛰어들며, 강대국으로 성장하는 것이 요구되었다. 당시 관중과 제환공이 있던 제나라가 앞서 패권을 잡은 상태였고 남쪽의 초나라, 서쪽의 진나라가 무섭게 세력을 확장하고 있었다. 유명무실해진 주나라를 대신해 중화 지역에서 패자로 군림하면서도 주나라가 세워놓은 문명 국가의 규율을 지키고, 또 외부의 '오랑캐'를 막아내는 것이 당시 제후국들의 시대적 소명이었다. 그러나 중이에게는 이런 거대한 포부와 구상을 실현하기에 앞서 해결해야 할 더 시급한 일이 있었다.

희 씨 삼 형제의 선택

정실부인에게서 자식을 얻지 못했던 헌공은 부친의 첩이었던 제나라 여자와의 사이에서 신생을 낳고, 그를 태자로 세웠다. 또 북방 융족의 두 여자를 맞이하여 각각에게서 중이와 이오를 얻었다. 신생과 중이, 이오 모두 출중한 재능과 자질을 겸비했고, 주변에 따르는 사람이 많았다. 이후 진나라가 융족의 일파인 여융을 친 일이 있었는데, 이때 헌공이 여융 군주의 딸들을 데려와 언니 여희에게서 해제를, 그 동생에게서 탁자를 얻었다. 헌공은 여희를 무척 총애했다.

점괘에서 '악취 나는 풀'로 묘사되었던 여희는 신생을 대신해 자신의 아들 해제를 태자로 세우고자 했으며, 이를 위해 주변 사람들을 포섭하고, 일을 꾸미기 시작한다. 신생의 생모가 자신의 꿈에 나타났다며, 신생에게 곡옥에 가서 제사를 지내게 하고는 그가 가져온 음식에 독을 타서 헌공에게 바치고, 사전에 발각되게 하여 신생에게 아버지 헌공의 암살자라는 누명을 씌웠다. 일단 피신한 신생은 신료들과 대책을 논의하지만 결국 자살을 선택했다. 주변 신료들의 권유대로 아버지 헌공에게 사건의 내막을 해명할 수도 있을 것이지만, 신생은 이를 거부했다. 만약 사실이 밝혀지면 여희가 벌을 받게 되고, 그것은 아버지에게 큰 상처가 될 것이라는 이유이다. 태자 신생은 이런 심성을 가진 사람이었다. 진나라를 떠나 다른 나라로 도망가는 방법도 있지만, 아버지를 죽이려 했다는 오명을 쓴 상태에서 다른 나라에 간다면 어차피 제대로 살아갈 수 없을 것이라고 비관하며, 이 또한 거부했다. 해명도, 도망도 또 반란도 불가능하다면 남은 선택지는 주어진 상황에 순응하는 것뿐이었다.

신생이 비극적으로 삶을 마감하자 중이와 이오 또한 신생의 사건과 연루되었다는 오해를 받고, 쫓기는 신세가 되어 연고가 있던 지역으로 도망한다. 둘은 신생처럼 주어진 운명에 순응하지 않고 다른 길

12장 『춘추좌전』의 진문공 희중이

을 선택했다는 점에서 같지만, 이후의 행보는 크게 달랐다. 처음에는 이오가 운이 좋았다. 아니, 결단이 빨랐다. 외국으로 도망한 지 5년이 되었을 때, 헌공이 죽고 여희의 아들 해제가 뒤를 이었으나, 대부 이극 무리의 쿠데타로 살해되는 등 정국이 혼란스러웠다. 이오가 이 틈을 타서 민첩하게 움직여 헌공이 죽은 지 두 달 만에 고국에 들어가 진나라 군주가 되었다.

이오의 민첩함이 좋은 결과를 낳은 것은 아니었다. 사람을 민첩하게 만드는 힘은 대부분 이익이다. 이오는 귀국을 위해 이웃 나라 강대국의 사전 승인을 받고, 또 국내 세력들의 환심을 얻기 위해 분주했다. 그 과정에서 이오는 선심을 남발하며 진[※]나라 목공에게 황하 이남의 다섯 개 땅을 떼어 주기로 약속하고, 자기 나라 대부들에게도 땅을 주겠다고 말했다. 일단 자리에 오르자 이오는 이런저런 핑계를 대고 약속을 지키지 않았다. 심지어 가뭄이 들었을 때 진[※]나라로부터 곡식을 원조받았으면서도, 그다음 해 진[※]나라가 가뭄이 들었을 때는 곡식을 꿔 주는 것도 거부했다. 참다못한 진목공이 이오를 응징하기로 마음먹고, 이오의 진^晉나라로 쳐들어갔다. 결국 한원 전투에서 사로잡히고, 진[※]나라에 유폐되는 치욕적인 상황을 맞는다.

헌공이 중이가 머물던 포 땅까지 사람을 보내 중이를 죽이려고 했으나 중이는 도망가는 방법을 택했으며, 포 사람들에게도 저항하지 못하게 했다. 도망하면서 옷소매를 베일 정도로 죽음 직전의 상황까지 갔지만, 다행히 자신의 외가가 있는 적나라로 달아날 수 있었다. 적나라에 머물 때 헌공이 죽고 쿠데타가 일어나자 이오보다 중이에게 먼저 연락이 왔다. 어서 들어와서 혼란을 수습하고 군주의 자리에 오르라는 요청이었다. 그러나 중이와 그를 따르는 조력자들은 신중했다. 아버지의 상에 애도하지도 못했는데 지금 들어가 나라를 취하는 것은 동생들을 죽인 반란 세력과 공모하는 혐의가 있게 되므로 옳지 않다고 여긴 것이다. 중이의 신중함과 머뭇거림을 비웃는 듯 이오는 이 기회를 잡았다.

중이의 태도에서 신생의 순수함이 엿보이지만 이런 선택이 과연 사실이었는지는 논란의 여지가 있다. 권력에는 공백이 있을 수 없다. 아버지 헌공이 죽고, 국내에서 보위에 오르려던 동생들이 차례로 살해되는 시점에서 염치와 예의를 따지는 것은 권력의 속성을 전혀 고려하지 않은 것이다. 중이와 이오 중에서 아버지를 이어야 한다면 그것은 형인 중이일 것이고 따라서 국내 세력도 중이에게 먼저 연락해왔다. 기회를 걷어찬 중이는 19년간 외국을 떠돌아야 했다. 그때 그 제안을 받아들이지 않은 후회가 시련의 순간마다 중이를 괴롭혔을 것이지만, 동시에 이로부터 중이는 정치와 권력의 속성에 대해 곱씹고 배웠을 것이다.

도망자 신세면 어때? 천하를 다니는데

적나라에 머무는 사이 아버지 헌공이 세상을 떠났고, 대부 이극의 쿠데타가 있었으며, 동생 이오가 진나라 군주가 되는 등 많은 일이 있었다. 또 아내를 새로 맞이해 두 아들도 얻었다. 43세에 적나라에 들어왔던 중이의 나이도 이미 50을 훌쩍 넘겼다. 중이를 따르던 사람들이 이제는 떠나야 할 때라고 재촉했을 것이고 중이 또한 더 머문다면 영원히 돌아갈 수 없을 것이라는 조바심도 생겼을 것이다. 무엇보다 당시 패국인 제나라에서 최고의 실권 재상이던 관중이 죽고 제 환공 또한 노쇠한 상황이라, 제나라에 가면 자신들이 쓰일 여지가 있으리라 생각했다. 이제 중이의 본격적인 방랑 생활이 시작된다.

제나라를 향해 출발했지만, 그 여정이 순탄치는 않았다. 위나라를 지나다 배가 고파 들판의 농부에게 먹을 것을 부탁하지만 그는 다짜고짜 흙덩이를 집어 던졌다. 지금은 방랑길에 올랐지만 그래도 한 나라의 공자인데 그런 대접을 받자 화가 난 중이가 채찍을 휘둘렀다. 이때 중이를 수행하던 외삼촌 호언이 이를 말리며, 흙덩이는 결국 땅과 나라이니 중이가 장차 크게 될 것이라는 의미라며 중이에게 그 흙을 소중히 받도록 했다. 중이의 분을 풀고 상황을 호전시키려는 호언의 과장된 의미 부여이지만, 어쨌든 이런 개입과 중재를 통해 중이 일행은 고생스러운 방랑길을 이어갈 수 있었다. 적나라에서 허송세월로 12년을 보낸 후 길을 떠나 도중에 들른 나라에서 푸대접을 받고 먹을 것도 없는 비참함 상황이지만, 이로부터 나는 하늘로부터 선택받은 사람이라는 소명의식을 갖고 계속 나아갈 수 있는 심적 동력이 만들어진 셈이다.

드디어 도착한 제나라에서는 환대를 받았다. 제 환공은 자신의 딸을 중이 아내로 삼게 하고 말 80필을 주는 등 중이를 극진히 대접했다. 그러나 이후 제나라는 환공이 죽고 그 아들들이 권력 다툼을 하며 혼란에 빠져들어 더는 머물 이유가 없어졌다. 중이는 아랑곳하지 않고 그곳에서의 안락한 생활에 빠져 자신이 일행을 이끌고 진나라를 떠나 있는 이유도 잊어버렸다. 이에 호언 등 중이를 수행하는 사람들이 은밀히 모여 제나라를 떠날 계획을 세우는데, 이것이 중이 아내의 귀에 들어간다. 그런데 중이의 아내 제강은 이를 말리는 것이 아니라, 중이가 천하를 경영할 뜻이 있고 그럴 능력이 있으니 제나라를 떠나 일을 도모하라고 말한다. 심지어 그 사실을 알려 준 사람을 죽여서 말이 새어나가지 못하게 만든다. 결국 제강은 호언과 모의하여 중이에게 많은 술을 먹이고 취한 틈을 타서 제나라 밖으로 내보낸다. 『춘추좌전』에는 중이가 술에서 깨어나 호언이 일을 꾸민 사실을 알고 창을 들고 뒤쫓아 가는 모습이 묘사되어 있는데, 시트콤의 한 장면처럼 코믹하기까지 하다.

어리바리하면 어때? 길 위에서 배우면 되는데

제나라를 떠나기 싫다는 중이를 억지로 데리고 나온 중이 일행은 조나라, 송나라, 정나라를 거쳐 드디어 강대국 초나라에 들어간다. 제나라와 패권을 다투며 강국으로 성장 중이던 초나라 성왕은 중이를 격하게 환영했다. 초성왕은 연회를 베풀며 중이에게 다짜고짜, 자신이 중이의 귀국을 돕는다면, 중이는 자신을 위해 무엇을 해 줄 수 있

12장 『춘추좌전』의 진문공 희중이

느냐고 묻는다. 말문이 막힌 중이는 대충 얼버무리려고 하는데, 초성왕이 집요하게 다시 물었다. 아마도 자신에 대한 중이의 충성을 시험하기 위한 질문일 수도 있고, 만약의 경우라도 초나라의 이익에 반하는 일을 하지 말라는 당부를 우회적으로 한 것인지 모른다.

중이는 나중에 진나라와 초나라가 불가피하게 겨뤄야 하는 상황이 온다면 이를 피하려고 30리씩 세 번 물러나겠고, 그래도 맞붙어야 한다면 그때 가서는 한 판 싸우겠다고 답한다. 기대치 않은 답변을 들은 초성왕은 흠칫 놀랐다. 외국을 떠돌며 기식하고 있는 사람에게서 그런 당돌한 답변이 나오리라고 생각지 못했을 것이다. 초나라와 전쟁을 하면 회피하려고 노력하겠지만, 싸워야 하는 상황이 오면 결국은 싸우겠다는 말이다. 초나라에서 몸을 의탁하는 신세이면서도 전혀 주눅 들지 않고 자신이 돌아가면 진나라를 강국으로 만들 것이라는 포부를 밝힌 것이기도 하다. 이런 당돌한 태도에 재상 성득신은 발끈하며 중이를 살려 둬서는 안 된다고 말했지만, 초성왕은 중이가 지금까지 건재한 것을 보면 하늘이 돕는 사람이므로 막을 수 없다며 중이를 예우하였다.

중이가 초나라에 머무는 중에 진(晉)나라 상황은 여전히 불안했다. 중이의 동생 이오, 즉 진혜공이 진(秦) 목공과의 전쟁에서 크게 패하여 포로로 끌려가는 수모를 겪었고, 곧 풀려나기는 했지만 아들 어가 진(秦)나라에 볼모로 억류되어야 했다. 그런데 진(秦)에서 결혼까지 한 어가 도망해 자기 나라로 돌아가는 일이 발생한다. 이를 괘씸하게 여긴 진 목공은 진(晉)나라를 단죄해야겠다고 마음먹고 그 방안으로 중이를 이용하기로 한다.

진※ 목공은 중이가 머물고 있던 초나라에 사람을 보내 진※나라로 중이를 초청한다. 중이를 극진히 대접하며 진※ 목공이 중이에게 다섯 명의 여자를 주는데 그중에 조카 어가 진※나라에 억류되었을 때 아내로 삼았던 회영도 포함되어 있었다. 중이로서는 얼마나 떨떠름했을까? 그렇지만 진※목공이 그렇게 한 이유가 있으리라 생각하고 받아들였다. 어느 날 중이가 세수하다가 세숫물이 회영에게 튀자 회영은 자신과 진※나라를 무시하는 처사라며 화를 냈다. 조금 어이없는 상황이지만 중이는 곧장 죄인처럼 무릎을 꿇고 사과한다. 세숫물이 좀 튀었다고 자신이 아내로 맞이한 여자에게 죄인처럼 사죄하는 중이의 모습은 앞서 적나라, 위나라, 제나라에서의 어리바리한 모습과 전혀 다르다.

진 목공의 계획을 알아채었을 중이는 어서 빨리 자기 나라로 돌아가고 싶은 마음이 간절했을 것이다. 지금 절대적으로 중요한 사람은 진 목공이다. 그의 심기를 거스르거나 눈 밖에 난다면 자신의 나라로 돌아갈 기회는 없어진다. 때문에 진※ 목공이 자신에게 준 여자의 심기도 건드려서는 안 되었다. 이제는 진※나라로 돌아가야 한다는 중이의 절박함을 여기서 읽을 수 있다. 중이의 간절함을 읽었는지 진목공은 연회를 베풀어 중이를 한 나라의 군주로 예우하고, 중이는 진목공의 명을 받을 것을 언약한다. 이로써 19년의 방랑길을 마치고 드디어 고국으로 돌아갈 길이 열렸다.

12장 『춘추좌전』의 진문공 희중이

잘나지 못하면 어때?
잘난 사람들 말을 들으면 되는데

중이가 진나라를 떠나오기 전부터 원대한 뜻을 품었는지는 알 수 없다. 계모에 의한 형의 죽음을 목도하고 또 아버지가 보낸 자객에 쫓겨 어쩔 수 없이 망명길에 올랐을 것이다. 외국에서의 망명 생활이 그를 단단하게 만들었지만, 편안한 곳이 있다면 거기에 안주하고 싶은 마음을 쉽게 버리지 못했다. 적나라에서 맞이한 아내와 어려운 시절을 함께하면서 돈독한 정을 나누었고, 헤어지는 순간에도 기다려 달라며 농을 던진다. 자신을 하대하는 시골 촌부에게는 발끈하여 채찍을 휘두르기도 하고, 고국으로 돌아가서 패업을 이루겠다는 목표는 안락한 생활에 빠져 잊어버리기도 한다. 요컨대 비장한 영웅과 지도자의 모습이라기보다는 편하고 안락한 곳이 좋고, 거칠고 힘든 것이 싫은 보통 사람의 모습을 더 많이 보여 준다.

이런 '미완성'의 중이의 모습에도 불구하고, 중이를 수행하는 집단이 오래도록 결속을 유지하며 19년의 방랑 생활을 마치고, 마침내 진나라로 돌아가 패업을 달성할 수 있었던 것은 아마도 함께하는 사람들 덕택일 것이다. 호언, 조최, 선진, 개자추 등 그의 주변에는 뛰어난 사람이 많았다. 특히 호언은 앞서 위나라 농부가 던지는 흙덩이를 하늘의 명을 받은 것이라고 해석하여 중이에게 정치적 소명 의식을 심어 주었으며, 제나라에서는 싫다는 중이를 억지로 떠나게 했다. 조최와 선진 또한 뛰어난 보좌진의 한 명으로 끝까지 중이와 진나라를 위해 일했다. 개자추는 중이 일행이 고생할 때 자신의 허벅지 살을 베어 고깃국으로 끓였다는 일화가 전해질 정도로 중이에게 정성을 다했다. 적나라, 제나라, 진秦 나라에서 맞이한 아내들은 모두 중이와 잘 지냈고, 중이가 큰 뜻을 펼치도록 적극적으로 도왔다.

중이가 끝내 뜻을 이루고 춘추시대 초기의 패자가 될 수 있었던 것은 운 좋게 주변에 훌륭한 사람들이 많았기 때문이라고 해야 할까? 그들은 왜 끝까지 중이 옆에 남아 있었을까? 『춘추좌전』은 영민하고 카리스마 있는 중이의 모습보다는 어설프고 정에 약하며, 긍정적인 성격을 지닌 평범한 사람의 모습을 자주 보여 준다. 이런 중이가 가장 잘하는 것은 자신과 함께하는 사람들을 소중히 여기고 그 말을 경청하는 것이었다. 여러 나라를 전전하면서 곤경에 처할 때마다 그는 다른 사람들의 말에 귀를 기울이고 그로부터 배워나갔다. 이는 그의 정치적 경쟁자였던 동생 이오와는 다른 자질이다. 이오는 늘 적극적이고 공격적이었다. 특히 이오가 주변 사람들의 말에 늘 불청不聽으로 응대했지만, 중이는 청聽으로 응대했다. 『춘추좌전』의 저자가 명시적으로 언급하지 않았지만, 반복적으로 등장하는 중이와 이오의 대비를 본다면 『춘추좌전』의 저자는 중이의 특징을 잘 듣는 사람으로 포착한 듯하다.

12장 『춘추좌전』의 진문공 희중이

원수를 잊으면 어때? 진나라를 위한 일인데

돌아온 중이의 심정도 복잡했겠지만 진나라에 남아 있던 사람들도 맘 편하게 환영할 수만은 없었다. 중이에게 적대적이었던 진헌공과 여희의 수하에 있던 사람들과, 혜공과 회공의 측근 세력들은 중이가 입국하면 목숨을 부지할 수 있을까를 염려했다. 중이와 적대적이지는 않더라도 중이의 귀국을 위해 애쓰지 않았던 사람들은 중이를 보고 뭔가 미안한 마음에 부채 의식을 가졌을 것이다. 중이 또한 예전에 자신에게 칼을 들이댔던 사람들에 대한 원망과 증오가 여전히 남아 있었을 것이고, 그들에게 어떻게 복수할까를 고심했을 것이다. 또 자신에게 적대적이지는 않아도 작은 도움도 주지 않았던 사람들에 대해서는 서운한 마음이 먼저 고개를 내밀 것이다.

이때 환관 피가 먼저 찾아온다. 그는 아버지 헌공의 명을 받고 중이를 죽이려 했던 사람이다. 다행히 그의 칼날이 옷소매만 스쳐서 목숨을 건졌지만, 이후의 고생길은 앞서 말한 대로이다. 아버지에 대한 서운한 마음을 노골적으로 표명하기는 어려우므로 그 증오는 환관 피에게 집중되었다. 오죽하면 피에 의해 소매가 베인 옷을 그는 여전히 간직하고 있었다. 그런 피가 직접 찾아왔다고 했을 때는 괘씸함에 치가 떨려 당장이라도 죽이고 싶은 심정이었을 것이다. 그런데 시종을 통해 피가 전하는 말은 지난 행동에 대한 반성이 아니라, 군주로서 중이의 태도에 대한 훈계였다.

환관인 자신은 군주의 명에 죽고 사는 사람이며, 그때 헌공이 죽이라고 명했으니 최선을 다해 명을 수행했을 뿐이지 좌고우면하여 명에 토를 달거나 거역할 수 없었다는 것이다. 요컨대 현재 모시는 군주에게 절대적 충성을 바치는 것이 자기의 임무라는 것이다. 나이 어린 공자 중이라면 이해하지 못했겠지만, 오랜 망명 생활을 마치고 돌아와 군주가 되었으면서 그것을 이해하지 못하고 지난날의 원한에 사로잡혀 있느냐며 비난했다. 제나라 환공이 자신에게 화살을 쏘아 거의 죽일 뻔한 관중을 용서하고 재상으로 등용하여 제나라를 패국으로 일으켰다는 사실을 지적할 때에는 중이는 더는 할 말이 없었다.

제나라 환공을 동경했지만 제환공과 같은 포용력을 갖지 못했다는 지적은 중이의 자존심을 건드렸다. 중이는 지난날 자신을 고통에 빠뜨렸던 사람들을 어떻게 대해야 할지 다시 한번 생각했을 것이다. 더 큰 현실적인 문제는 피의 말대로, 자신이 그들을 용서하지 않고 증오의 감정을 계속 유지한다면 진나라에 남아 있지 못하고 떠나야 하는 사람들이 많아질 것이라는 사실이다. 19년의 방랑길을 지속할 수 있었던 것은 고국에 돌아가면 좋은 군주가 되어 진나라를 강성한 나라로 만들겠다는 희망이었다. 아버지가 감행한 피의 숙청이 아직 그 흔적을 지우지 못했는데, 과거의 일 때문에 화합하지 못하고 또다시 적대와 숙청을 되풀이한다면 자신이 고생 끝에 돌아와 군주가 된 보람이 없어질 것이다.

중이는 복수의 마음을 누그러뜨렸다. 자기와 적대하고 심지어 죽이려 했던 사람들도 진나라를 위해 크게 쓰일 수 있다면 적극 등용하고 함께하겠다고 다짐했다. 마침내 중이는 그와 대면했고, 이 자리에

12장 『춘추좌전』의 진문공 희중이

서 피는 중이를 두려워하는 세력들이 반란을 도모해 모월 모시에 궁궐에 불을 지를 것이라는 1급 기밀을 알려 준다. 이로부터 중이는 위험을 모면하고 진나라를 재건하는 일에 매진할 수 있었다.

진정한 영웅으로 돌아온 중이

중이의 이야기는 이 뒤로도 계속 이어진다. 19년을 돌아서 진나라 군주의 자리에 올랐기에 이루고 싶은 것이 너무 많았다. 실제로 중이는 대내적으로는 진나라의 갈등적 요소들을 잘 통합하면서 군사 강국을 만들었고, 대외적으로는 남방의 강국 초나라와 대결하고 서쪽의 진※나라와 적절히 긴장 관계를 유지하며 중소국가들을 이끌며 제나라에 이어 춘추시대 패자가 되었다. 이후 200여 년 동안 패권이 초, 오, 월 등으로 옮겨가지만, 춘추시대가 끝날 때까지 진나라가 강국이지 않은 적이 없었다. 10년도 되지 않는 재위 기간에 진문공이 이룩해 놓은 과업이 당시 진나라의 시대적 과제에 정확히 부응했고, 이후 진나라의 굳건한 기반이 되었다.

그러나 진문공의 영웅성을 귀국 후 단행한 개혁과 승리한 전쟁에서 찾는 것은 결과만을 보는 것이다. 중이의 영웅성은 19년간의 도망자 생활을 마치고 난 후 다른 사람이 되었다는 사실이다. 중이는 원치 않게 세상에 던져졌지만, 그 과정에서 많은 것을 배우고 깨달으며 서서히 변화되었다. 맨 처음 도망하여 외가인 적나라에서 10년을 넘게 하릴없이 머물렀다. 떠나면서도 아내와 농담을 하고 개인적인 정에 연연했다. 제나라에서 환대받자 고국에 돌아가기는커녕 그곳에 눌러살고자 했다. 이때까지만 해도 중이는 시대적 과제를 고민하기보다는 수행하는 신하들의 조언 위에서 움직이는 철없는 공자였다. 그러나 길 위에서의 시간이 길어지자 중이는 어느 순간 단단해지고 절실해졌다. 강대국 초나라 군주 앞에서는 당당했고, 자신을 시험하는 진*나라에서는 나이 어린 여자에게도 무릎을 꿇으며 자신의 간절함을 보였다.

기원전 6세기 진나라의 시대적 과제와 21세기 우리의 시대적 과제는 현격히 다르므로 중이와 같은 삶을 추구할 수 없다. 또 우리 시대에는 영웅이 필요치 않다고도 한다. 고도로 분화된 사회에서는 아무리 뛰어난 개인도 사회 전체를 변화시키기 어렵기 때문이다. 그러나 아무리 중이의 시대로부터 멀리 떨어져 있고 또 인공지능이 모든 것을 알아서 해 주는 시대라 해도 각 시대는 자신들만의 문제를 안고 있고, 해결을 기다리고 있다. 그렇다면 우리 시대의 과제가 무엇인지를 알고, 그 시대적 부름에 응답하고 자신의 소명으로 삼는 사람을 이 시대의 영웅이라고 해도 이상하지 않을 것이다. 나아가 중이에게서 확인한 영웅 됨의 자질들 요컨대 자신이 사는 세상을 온몸으로 직접 보고 듣고 배울 것이며, 주변에 좋은 사람들을 두고 그들의 말을 경청할 것이며, 과거의 사사로운 감정이나 원한은 잊을 수 있다면 영웅 됨의 길에 한 걸음 더 다가선 것이리라.

12장 『춘추좌전』의 진문공 희중이

13장

영웅과 자객 사이
—『사기열전』의 예양과 영화 「26년」

김월회

미진이 총구를 차창 안 '그 사람'에게 겨누었다. 미진은 방탄유리를 뚫을 수 있도록 특수 제작된 총을 들고 있었다. 방아쇠를 당겼다. 방탄유리에 구멍을 내는 데 성공했다. 이제 그 구멍으로 한 발만 더 쑤셔 넣으면 됐다. 지난 세월, 그의 가정을 또 그의 삶을 질곡으로 몰아넣었던 '그 사람' 처단이 바로 눈앞이었다. 차분히 방아쇠를 당겼다. 순간, 뜻하지 않게 총기가 폭발했고 '그 사람'의 차량은 황급히 현장을 빠져나갔다.

킬러라는 최후의 선택지

2012년 개봉되었던 영화 「26년」의 한 장면이다. 강풀 작가의 웹툰

『26년』을 원작으로 하여 제작된 5.18광주민주화운동(이하 '5.18')을 다룬 영화다. 극 중 미진(한혜진 분)은 국가대표 사격 선수로 조폭 중간보스인 진배(진구 분), 현직 경찰 정혁(임슬옹 분) 등과 5.18을 총칼로 잔인하게 진압한 원흉 '그 사람'을 처단하고자 한다. 이들은 당시 민주화를 요구하는 시위에 참여했다가 계엄군에게 목숨을 잃은 5.18 희생자의 2세라는 공통점이 있었다.

이들이 킬러가 되고자 했던 이유는 명료했다. 5.18에 대한 폭력 진압의 과정에서 이들 가정이 입은 피해는 돌이킬 수 없이 컸고, 그 상흔은 26년이 지난 그때까지도 이들 가족과 자신의 삶을 고통스럽게 뒤틀고 있었다. 반면, 학살의 원흉이었던 '그 사람'은 5.18 이후 대통령이 되어 수천억 원대의 비자금을 형성하는 등 호의호식하며 나보란 듯 잘살고 있었다. "성공한 쿠데타는 처벌할 수 없다"라는 법원의 판결이 극명하게 드러냈듯이 민주주의 공화국, 법치주의 국가임에도 소위 '힘 있는 자'들에 대한 합당한 처벌은 이루어지지 않았다. 시간이 흘러도 '그 사람'과 한배를 탔던 또는 한통속이었던 이들이 부당한 기득권을 여전하게 누리고 있었다. '그 사람'을 찬양했던 언론, '그 사람' 편에서 판결했던 법조인, '그 사람'에게 통치자금을 헌납했던 재벌 등등. 이들은 반성 한 마디, 성찰 한 조각 내비침 없이 여전히 큰소리 떵떵 치며 승승장구했다. 미진과 진배, 정혁이 5.18이 26년 지난 시점에도 주저함 없이 '그 사람' 처단에 나서게 된 저간의 사정이다.

이들이 맞닥뜨렸을 법한 기득권의 벽은 저 옛날이라고 하여 별반 다를 바 없었다. 사회적 약자일수록 더더욱 매몰차게 내모는 야차 같은 현실 말이다. 사실 더했다고 해야 맞는 말이 된다. 민주주의 체제인 지금에 비해 저 옛날은 신분제 사회였고, 평민과 천민은 식자 능력을 갖추지 못했다는 이유로 '인간'의 범주에서 실질적으로 배제되어 있었다. 그러니 사회적 힘을 가진 이들이 횡포나 강짜를 부릴 때 당시의 '사회적 을'이 느꼈을 현실의 벽은 더더욱 처절했을 터다. 2400여 년 전 예양이라는 인물도 그러했던 듯하다.

그는 춘추시대 진나라 사람으로 대부인 범 씨를 섬겼다. 당시는 천자가 제후를 세워 일정 지역의 군주로서 그곳을 대신 다스리게 하였고, 제후도 아래 계층인 대부에게 자신이 다스리는 지역 중 일부를 봉토로 하사하여 대신 다스리게 했던 시절이었다. 그런데 대부 가문이 힘이 있으면 자기 봉토를 독립된 나라에 준할 정도로 독자적으로 다스렸다. 범 씨도 진나라에서는 그렇게 힘 있는 대부였다. 그러나 범 씨는 예양을 그저 그러하게 대했다. 그러자 예양은 대부 중항 씨를 섬겼고 그 또한 자신을 데면데면 대하자 이내 대부 지백을 섬겼다. 지백은 그의 빼어남을 알아보고는 그를 '국사', 그러니까 나라의 최고 지식인 대접을 해 주었다. 그런데 얼마 안 되어 또 다른 유력 대부인 조 씨와 위 씨, 한 씨가 연합하여 지백을 멸하고 그 봉토를 나누어 가졌다. 지백을 유별나게 미워했던 조 씨 가문의 양자는 지백을 죽인 다음 그의 두개골을 취해 옻칠한 후 요강으로 삼았다. 예양은 크게 분노했다. 무릇 사람은 자기를 알아주는 이를 위해 목숨을 버리는 법이라며, 자신을 국사로 대우해 준 지백의 복수를 기필코 해내리라 벼렸다. 그러나 힘이 없었다. 자기 야망을 위해 정적을 죽이는 것으로도 모자라 그 두개골을 소변받이로 쓰며 치욕에 능욕을 더한 원수는 이젠 대부에서 제후급으로 성장해 전보다 더 잘나가고 있었다. 반면 자신은 그저 멸망한 정치세력의 잔당으로 '사회적 을' 그 자체일 뿐이었다.

사회적 힘의 차이가 현격했다. 남은 길은 자객이 되어 조양자를 암살하는 것뿐이었다. 예양은 일부러 죄를 저질렀다. 죄수가 되면 천민 취급을 받아 궁중에서 분뇨 처리와 같은 천시되던 일을 할 수 있었다. 그는 바람대로 조양자가 사용하는 변소 수리를 담당하게 되었고, 벽에 진흙을 바르는 도구인 흙손에 단검을 숨긴 채 조양자가 용변 보러 오기를 기다렸다. 마침 조양자가 변소에 가고자 했다. 그런데 갑자기 가슴이 마구 떨렸다. 무언가 안 좋은 낌새를 느낀 조양자는 변소를 수색게 했고 결국 비수를 감추고 숨어 있던 예양이 잡혀 왔다. 심문을 통해 조양자는 예양이 왜 자기 목숨을 노렸는지를 알게 되었다. 그러자 뜻밖에도 조양자는 예양을 의로운 자라 칭하면서 주위의 반대에도 그를 풀어 주었다. 예양이 조양자에게도 은혜를 입은 셈이 되었다. 그럼에도 예양은 뜻을 꺾지 않았다. 그는 옻을 문질러 얼굴을 상하게 하고 불기운이 남은 숯을 삼켜 목소리를 바꾸었다. 조양자와 그 주변 사람들이 자기를 알아보지 못하게 하고자 자신을 참혹하게 망가뜨렸음이다. 그는 저잣거리에서 구걸하면서 복수할 기회를 다시 노렸다. 그의 부인이 구걸하는 예양 곁을 지나갔지만 자기 남편을 알아보지 못했을 정도였다. 그렇게 기회를 엿보던 중 조양자의 행차 소식을 듣고는 그가 지나갈 다리 밑에 매복했다. 이를 알 턱이 없는 조

13장 『사기열전』의 예양과 영화 「26년」

양자가 다리에 접어들 즈음 이번에는 조양자의 말이 앞발을 높이 들며 놀란 듯 울부짖었다. 순간 조양자는 예양이 반드시 매복해 있을 거라면서 수색을 명했다. 예상대로 예양이 붙잡혀 왔고, 조양자는 이번에는 어쩔 수 없다며 그를 처형하고자 했다. 이에 예양은 조양자에게 입고 있던 옷을 벗어 달라고 청했다. 그 옷이라도 베어야 저승에 가서 지백을 뵐 면목이 설 듯하다는 이유에서였다. 조양자는 서슴없이 벗어 주었고 예양은 옷을 벤 후 스스로 목숨을 끊었다. 이 소식이 온 나라에 퍼져 나갔고 듣는 이 가운데 울지 않는 이들은 없었다. 사마천이란 역사가가 쓴 『사기』에 실려 있는 자객 예양 이야기의 대강이다.

자객은 요즈음으로 말하자면 킬러이다. 예양이나 「26년」의 진배, 미진, 정혁 모두 태어날 때부터 킬러였던 이들도, 킬러로 길러진 이들도 아니었다. 그들은 자신의 삶을 복수로 송두리째 몰아간 사건이 없었다면 평범하게 또는 잘나가는 삶을 살았을 수 있다. 조양자가 예양의 주군에게 그렇게 능욕을 가하지 않았다면, '그 사람'이 자기 일파의 사리사욕을 위해 5.18을 총칼로 잔인하게 진압하지 않았더라면 그들이 킬러가 될 이유는 하나도 없었을 것이다. 그들을 킬러로 만든 건 그들 자신이 아니라 정의가 권력과 재력 앞에 맥 못 추는 당시의 현실 그 자체였다.

킬러, 영웅이 되다

만약 미진, 정혁, 진배가 '그 사람' 처단에 성공했다면 사람들은, 또 역사는 이들을 무엇이라 칭했을까? 또 어떻게 평가하며 기억했을까? 성공한 쿠데타는 처벌할 수 없다는 세력이 건재한다면 이들은 현장에서 체포되어 범죄자 또는 테러리스트 등으로 불리며 법적 처벌을 받았을 것이다. 그렇다고 하여 정의롭지 않게 작동되는 공권력 대신 피치 못하여 사적 징벌을 택한 이들의 억울함이 가려지지는 않을 듯 싶다. 실제로 사회 부조리에 맞서 '정의로운 폭력'으로 악의 세력을 징벌한다는 서사, 이를테면 홍길동이나 임꺽정, 전우치, 장길산 등의 이야기는 대중에게 널리 사랑받아 왔다. 물론 사람들은 저마다의 생각에 따라 이들을 열사, 영웅, 킬러, 테러리스트 등등으로 달리 칭할 것이지만 말이다.

그렇다면 예양은 어떠할까? 예양 사건이 기술된 『사기』에서 사마천은 일군의 자객을 영웅으로 묘사했다. 그는 춘추전국시대를 대표하는 5명의 자객에 대한 사건을 기록하고는 이를 「자객열전」이라고 명명했다. 여기에는 예양을 포함하여 조말, 전제, 섭정, 형가라는 자객 이야기가 생생한 필치로 실감 나게 서술되어 있다. 그중 예양에 대한 서사는 자객을 넘어 협객, 협객을 넘어 영웅으로서의 예양 서사라 해도 전혀 무리가 없을 정도의 영웅담이다. 이는 단지 사마천의 독단적 판단이 아니었다. 예양이 사람들에게 너끈히 영웅으로 칭해졌음 직하기에 그러하다. 사마천보다 앞서 나온 책에서 예양이 이미 영웅으로 서술됐던 점, 그의 죽음 소식을 접한 사람마다 눈물짓지 아니한 자가 없다는 증언 등이 이를 뒷받침한다. 게다가 예양은 단지 복수에 눈이 먼 킬러에 그치지 않았다. 그의 복수는 공적, 사적 차원 모두에서 명분이 분명하게 표방된 채로 수행되었다. 공적 차원에서 그는 지백이 자신을 '국사'로 대우한 만큼 나라를 멸망시킨 원수를 갚는 것은 국사라는 공인으로서 응당 해야 할 일이라고 여겼다. 사적으로는 지식인이라면 자기를 알아준 이에게 목숨으로 은혜를 갚음이 마땅한 만큼, 범 씨나 중항 씨와 달리 자기를 진정으로 알아준 지백에 대한 복수는 당연한 일이라고 보았다.

또한 예양과 벗 사이에 있었던 대화도 예양의 복수가 공적 가치의 실현을 지향했음을 잘 말해 준다. 예양은 남들이 자기를 알아보지 못하도록 얼굴에 옻칠하고 숯을 삼켰건만 그의 벗은 대번에 예양을 알아봤다. 그러고는 차라리 조양자의 신하가 되어 암살하는 길을 택하면 될 것을 왜 이리 힘들고 어려운 길을 걷느냐며 탄식했다. 예양 정도라면 틀림없이 조양자가 중용할 것이니 그러면 암살하기가 훨씬 수월하지 않겠냐는 뜻이었다. 그러나 예양은 오히려 벗을 일깨웠다. 벗이 말한 방도는 신하인 자가 두 마음을 품고 군주를 섬기는 것이니 이는 신하로서 취할 도리가 아니라고, 자신이 이리도 어려운 길을 선택한 것은 장차 그렇게 두 마음을 품고 신하 노릇을 하는 이들을 부끄럽게 하기 위해서라고 단언했다. 첫 번째 암살 시도가 미수에 그치고 붙잡혀 갔을 때 조양자가 예양더러 '의로운 사람'이라며 풀어 주라 한 이유가 익히 짐작되고도 남는 대목이다. 예양은 이렇듯 역량

있고 정의로우며 충성된 인물이었다. 게다가 복수가 버거운 줄 알면서도 과감하고 단호하게 상대와 맞서다 장렬히 산화한 비운의 인물이기도 했다. 영웅이라 하기에 부족함이 없는 캐릭터이다. 특히 죽기 전 조양자가 벗어 준 옷을 공중으로 던진 후 "세 번 하늘로 뛰어오르며" 옷을 조각조각 베어버린 다음 자결하는 장면은 예양의 충의가 절정의 비장미로 승화되는 대목으로, 이로써 충의지사로서의 그의 영웅적 면모는 독자의 뇌리에 강렬하게 각인된다. 그의 기개 높은 죽음에 '조나라 사람'조차도 눈물로 그를 기릴 수밖에 없었음이다.

그런데 여기서 사고실험을 해 보자. 예양을 조양자 측 인사들은 어떻게 평가했을까? 분명한 건 우호적이지는 않았다는 점이다. 첫 번째 암살 미수 후 붙잡힌 예양을 조양자의 측근들이 죽이고자 했음이 그 증거이다. 두 번째 암살 미수 후 조양자가 이제는 죽일 수밖에 없다고 토로한 것도 또 다른 증거이다. 따라서 이들에게 예양이 영웅시될 가능성은 없다고 봐야 한다. 조양자 측 인사들에게 예양은 그저 복수에 눈이 먼 자객, 그러니까 '칼잡이' 정도였을 뿐이다. 사람과 사람의 관계에서만 이러한 것은 아니다. 「자객열전」에서 다룬 조말 관련 일화는 나라와 나라 사이에 있었던 일이라는 점에서 나머지 넷과 다른 면모를 지닌다. 조말은 노나라 제후 장공의 신임을 얻었던 장수였다. 그래서 바로 옆 나라인 제나라와 세 차례 전투에서 거듭 패배했음에도 쫓겨나지 않고 여전히 장공 곁에 머물 수 있었다. 패배의 대가가 얼마 안 되어서가 아니었다. 패배할 때마다 땅을 빼앗겨 급기야 제나라의 국경과 노나라 도읍의 거리가 얼마 안 되게 되었다. 제나라는 대대로 덩치 큰 대국이었던 데다가 당시 제나라의 제후는 환공으로서 그는 재상 중의 재상 관중의 보필을 받아 당시 중원 제후국 가운데 최강자로 군림하고 있었다. 노나라가 소국은 아니었지만 제 제나라보다 늘 상대적 약자였다. 이러한 처지였는데 도읍 가까이 제나라 영토가 확대되니 패배의 대가는 노나라의 명운을 좌우할 정도로 심각했다. 그럼에도 장공은 조말을 곁에 두었으니 조말의 심정이 어떠했겠는가?

한편 노나라는 이러한 국가 위기를 타개하고자 땅을 더 바치고서라도 제나라와 강화를 맺기로 했다. 제나라도 이에 응해 기라는 땅에서 만나 협약을 맺기로 했다. 협약 당일 조말은 양국의 수뇌부가 무장해제한 채 임하는 단상에 장공을 수행하여 올랐다. 장공 곁에 시립해있던 조말은 기회를 틈타 제 환공을 냉큼 사로잡고는 몰래 지니고 간 비수를 꺼내 들고 위협했다. 제 환공 측 인사들은 워낙 삽시간에 이루어진 일인 데다 조말의 비수와 환공 목 사이의 거리가 얼마 되지 않아 발만 동동 구르고 있었다. 조말은 환공에게 그간 빼앗아 간 노나라의 영토를 되돌려 달라고 요구했고 목숨이 경각에 달린 환공은 결국 그렇게 하겠다고 약조했다. 그러자 조말은 환공을 풀어 주고는 다시 장공 옆에 시립했는데 아무 일도 없었다는 듯 태연했다. 협약이 끝나고 제나라로 돌아온 환공은 국가 간 외교 규약을 폭력으로 짓밟은 조말의 행위를 문제 삼으며 빼앗은 땅을 돌려주지 않으려 했다. 그러자 관중이 나서 노나라 땅을 돌려주지 않음은 작은 이익을 취함이고 천하의 신뢰를 잃음은 큰 손실이니 약속을 지켜야 한다고 아뢰었다. 이에 환공은 약속대로 빼앗은 땅을 노나라에 돌려주었다. 조말의 목숨 건 협박 덕분에 노나라는 위기에서 벗어날 수 있었다.

수차례의 전쟁 패배로 잃었던 땅을 담대한 기개를 발휘하여 한 판의 협박으로 되찾았으니 조말은 노나라 사람들에게는 영웅이었을 터다. 반면 피 흘려가며 점령한 땅을 테러와도 같은 협박 한 판으로 되돌려 줄 수밖에 없었던 제나라에서는 조말을 결코 영웅시 할 수 없었을 것이다. 그렇다면 이러한 의문을 품을 수 있지 않을까? 영웅이란 존재는 특정 집단이나 지역, 국가에서만 영웅이고, 그 바깥에 있는 이들에게는 그렇지 않은 존재일 수도 있다는 혐의 말이다. 만일 이에 동의한다면, 이를테면 어떤 한 집단이나 지역, 국가에서만 인정받는 것이 아니라 인류 보편적으로 인정되어야만 참된 영웅이라고 할 수 있지 않은가 같은 물음도 구성할 수 있게 된다.

난세에 영웅이 많은 까닭

인류가 보편적으로 받아들일 수 있는 영웅이려면 적어도 지역과 국가, 이념, 종교, 민족, 인종 등을 초월한 보편 가치를 구현한 존재여야 할 듯싶다. 그런데 과연 이의 구현이 가능할까? 인류의 보편적 구원을 내세운 종교들이건만 종교 갈등과 분쟁은 세계 곳곳에서 오랜 세월 동안 지속해 왔다. 근대 이후로 국제사회는 민주적 제 가치를 공공연히 추구해 왔지만 민주주의에 대한 탄압과 억압은 현재 진행

형이다.

　게다가 인류의 역사를 보면 보편적 가치의 실현이 개인부터 집단, 지역, 국가에 이르는 모든 차원에서 늘 우선하여 추구된 적보다는 그렇지 않은 적이 절대적으로 많다. 또한 세상은 저 옛날부터 지금에 이르기까지 어느 한순간이라도 악인이 존재하지 않은 적도 없었다. 악인에게 보편적 가치의 구현자는 오히려 눈엣가시 같은 제거 대상에 불과하다. 보편적 가치의 구현자가 존재한다고 해도 그들이 보편적으로 영웅시되지 못했던 까닭이다. 그래서 보편적 가치를 구현해야 영웅이라는 설정은 실현되기 힘든 이상이나 당위에 불과해 보인다. 집단과 지역, 국가 등을 초월하여 많은 사람이 영웅시하는 인물이라고 할지라도 나에게는, 또 우리에게는 무의미하거나 심지어는 원수 같을 수도 있다는 얘기다.

　사실 굳이 집단이나 지역, 국가 등으로 확대할 필요도 없다. 예양의 사례만 보더라도 그가 영웅이냐 아니냐의 문제는 그의 부인을 비롯한 가족에게는 무의미할 수 있다. 아니 의롭다고 칭송된 그의 죽음은, 조나라 사람들의 눈물을 자아낸 그의 죽음은 남은 가족에게는 고통과 원망의 원천일 수도 있다. 그래서 백제 신라 간 황산벌 전투의 영웅 계백은 출전하면서 가족을 먼저 베는 잔혹함을 감행하고 그 처절함을 감내했는지도 모른다. 이는 앞서 제기한 영웅의 보편성 내지 상대성이라는 차원과는 결이 사뭇 다른 차원의 문제다. 다시 말해 이 차원에서 보면, 우리에게 영웅이 저들에게는 그저 자객이나 킬러, 테러리스트일 수도 있다는 식의 논의나, '우리 대 저들' 식의 구도를 초월하여 보편적으로 받아들여져야 비로소 영웅이라고 할 수 있다는 식의 논의는 현실적이지 못한 지적 유희에 불과할 수도 있다. 그보다는 아무리 공적, 사적으로 명분 있는 복수라고 해도 왜 그가 그렇게까지 자기 자신과 가족에게 처절하고도 잔혹한 행위를 서슴없이 자행하면서 복수를 수행해야 했는지가 더욱 근본적이고 실제적인 물음일 수 있다. 단적으로 영웅적 행위를 감행할 때 자기 자신에게나 친지 등에게 곧잘 내지 필연적으로 자행하게 되는 잔혹함과 처절함 등을 어떻게 볼 것인지의 문제가 영웅의 보편성 또는 상대성에 대한 논의보다 한층 현실적 의미를 띨 수 있다는 것이다.

여기서 앞서 예시한 「26년」의 정혁, 진배, 미진 그리고 예양이 자의에 의해 킬러의 길을 걸은 것은 아니라는 점을 떠올려 보자. 그들에게 킬러의 길은 다른 길이 없는 상황에서 선택할 수밖에 없었던 최후의 선택지였다. 혹 잔혹함이나 처절함 또한 그랬던 것 아닐까? 「자객열전」의 또 다른 주인공 형가가 진시황을 암살하러 떠나기 직전 역수라는 강가에서 큰 비애에 젖어 "장부 한 번 길 떠나면 다시 돌아오지 못하리라"고 탄식했듯이, 자객의 길은 피하고 싶었지만 피치 못할 막다른 길에서 감수할 수밖에 없었던 최후의 선택지였을 수 있다. 그렇다면 잔혹하고 처절한 행위를 했다는 점이 아니라 그렇게 할 수밖에 없게 한 상황에 더 주목해 볼 필요가 있다.

어느 시대 여느 사회가 그러했듯이 그러한 상황은 힘의 논리가 대놓고 또는 은근하게 주도하는 장이다. 예양을 잔혹하고 처절한 비극으로 몰고 간 상황에서는 부강한 제후의 나라로 거듭나고자 하는 조양자의 욕망이 대세였고 그는 이를 이룰 힘이 충분했다. 형가로 되돌아올 수 없는 길을 떠나게 한 상황에서는 막강한 전투력을 앞세워 다른 제후국을 폭력적으로 병합해갔던 진시황의 욕망이 대세였고 그에게는 자기 욕망을 성취할 힘이 차고도 넘쳤다. 이에 비해 예양이나 형가가 펼치고자 했던 욕망은 주류이지도 않았고 이를 수행할 힘이라고는 자신밖에 없었다. 그럼에도 이들은 자기 삶의 최후 선택지를 거부하지 않았다. 꿋꿋하게 버텨 내며 자기 삶을 뒤튼 거대권력에 대해 굴하지 않고 저항했다. 피치 못하여 선택한 삶의 경로였건만 이들은 그러한 삶을 걸으면서 자기를 엄습한 운명에 맞서 고통스러운 삶을 감내해가며 암살을 거행한다. 암살에 성공했느냐의 여부는 부차적이다. 운명의 굴레에 굴복하지 않고 운명에 맞섰다는 점, 감당치 못할 상대에 맞서 굴하지 않는 용기와 죽음을 향해 뚜벅뚜벅 나아가는 결기를 발휘했다는 점, 그렇게 자신을 자객으로 내몬 현실과 한 치의 망설임 없이 부딪혔다는 점만으로도 충분히 영웅으로 서술되고 기념될 만했다. 그 과정이 잔혹하고 처절했음에도 말이다.

결국 이들을 자객으로 내몬 것도 또 영웅으로 빚어낸 것도 그들을 둘러싼 당시의 상황이었다. 그 상황에는 치세라는 말보다는 난세라는 말이 훨씬 잘 어울린다. 1980년의 광주는 오랜 군부독재의 부패와 부조리가 폭발하듯 터져 나왔던 시절이고, 예양과 형가가 살았던 시절은 봉건제라는 사회질서가 우르르 무너지고 군사력과 경제력 같은 완력을 발판으로 새로운 질서를 모색하던 때였다. 권력이나 재력을 소유한 자들이 자기 욕망을 거침없이 드러낼 수 있었던 시대였다. 이러한 시대의 형세가 도덕이나 문학과 예술 같은 인문 역량이 힘쓰는 시대보다 영웅 출현에 한층 적합했던 게다. 덕분에 그러한 시세를 타고 우뚝 서고자 하는 이들이 부쩍 출현할 수 있었고, 그러한 시세 탓에 영웅의 길로 내몰린 이들도 적잖이 생겨났다. 한마디로 난세에 영웅이 많이 났음은 우연이 아니라 당연한 귀결이었다.

14장

간웅 조조, 영웅임을 주장하다
—『삼국지』의 조조

김월회

나를 아는가? 어이없게도 대대로 '간웅^{奸雄}'이라 손가락질당해 온 나, 조조를 말이다. 이승과 저승의 경계가 분명하고 저승의 존재는 이승 사람들에게 함부로 해코지 못 하도록 되어 있기에 망정이지, 성격대로라면 하후돈이니 허저니 하는 내 휘하의 명장들을 이끌고 내려가 나더러 간웅이라 비웃는 작자들을 몇 번이고 도륙하고도 남았을 터다. 허허, 이것 참⋯!

정사, 소설 모두 주인공은 나야, 나!

한편으론 이런 생각이 안 드는 건 아니다. 내가 오랜 세월 동안 워낙 유명하다 보니 생긴 일이라는 생각 말이다. 사회 지도층은 욕먹기 마련이라고 맹자 어르신께서 일찍이 통찰하셨듯이 욕먹는 건 유명인사의 숙명이랄까…. 내가 어디 중원 대륙에서만 유명 인사였던가? 옆동네 한국과 바다 건너 일본에 내 명성이 전해진 지도 줄잡아 천 년이 넘고, 적어도 200년 전쯤부터는 저 멀리 서양까지도 내 이름이 전파됐으니, 모르긴 해도 중국에서 태어나 나 정도로 이름이 사뭇 오래전부터 널리 알려진 이는 몇 안 될 것이다.

게다가 나는 정식 역사에서도 주인공이었고 소설에서도 어엿한 주인공이었다. 내가 활약했던 시절은 주지하듯이 나와 유비, 손권이 천하의 패권을 놓고 자웅을 겨루던 시기였다. 나는 한 황실을 보위하면서 사방에서 봇물 터지듯 터져 나온 갖은 봉기들을 진압했다. 가신들은 황제 자리에 오르라고 했지만 나는 끝까지 한 황실의 신하 자리를 지키며 천하의 대소사를 처리했다. 내가 이승을 떠난 후 아들 조비가 결국 한 황실의 마지막 황제로부터 천자 자리를 선양받아 위나라를 열었는데, 이는 실은 내가 살아생전 이인자에 만족하면서 내실을 다져 놓은 성과였다.

간웅인 주제에 무슨 내실을 다졌냐고? 이거야말로 내가 가장 억울해 하는 부분이다. 역대 중국의 수천 년 역사에서 나만큼 정치를 잘했던 사람이 있으면 나와 보라고 외치고 싶다. 아마 몇 사람 없을 거다. 정치를 엄청나게 잘했건만 폭군이라 일방적으로 매도당해 나만큼이나 억울한 진시황, 당 제국을 당시 지구촌 최고의 문명국으로 만든 태종 정도가 나랑 어깨를 나란히 할 정도다. 도무지 믿기지 않는다고? 그럼 현대 중국을 만든 마오쩌둥이 나에 대해 수차례에 걸쳐

14장 「삼국지」의 조조

매우 높이 평가했다면 좀 믿을 수 있는지. 그는 극심한 정치적, 사회적 혼란에 빠진 천하를 내가 유효적절한 개혁을 통해 안정화했다면서 나를 빼어난 정치가이자 군사가로 한껏 추켜세웠다. 봉건적 문화의 청산을 내걸었던 사회주의 혁명가 마오쩌둥이 봉건적 제왕인 나를 이렇게 높게 평가했으니, 내가 얼마나 대단한 인물인지 충분히 알 수 있을 것이다.

허명만 높아서가 아니었다. 실제로 나는 역대 중국 정치사에 길이 남을 중요한 성취를 일구어 냈다. 양반이라는 말을 자주 들어봤을 거다. 관리를 문반과 무반으로 나눈 데서 유래한 말로, 관리 조직을 이렇게 짠 까닭은 각각의 분야에 특화된 역량을 잘 발휘할 수 있게 하기 위해서였다. 실용을 기반으로 하는 능률적 관리 조직이라고 할 수 있다. 이를 누가 최초로 도입했을까? 바로 나다. 그러니까 양반이라는 제도에 관한 한 역대 중국의 정치는 나를 중심으로 그 이전과 이후로 나뉜다고 할 수 있다. 그뿐만 아니다. 나는 관리의 자격 요건에 대해서도 내 이전과 판이한 새로운 지평을 열었다. 바로 어떤 능력이든 하나만 갖고 있어도 관리로 등용한다는 원칙이 그것이다. 그게 뭐 그리 대단한 일이냐고 이죽거리고 싶을 것이다. 뭐든지 남들이 뭔가 새롭게 해놓으면 그걸 따라 하는 것은 쉽지만 사상 최초로 그것을 하기는 말처럼 쉬운 게 아니다. 콜럼버스의 달걀처럼 말이다.

나 이전까지는 관리라면 가능한 많은 능력을 포괄적으로 지니고 있어야 비로소 유능하다고 여겨왔다. 하여 이를테면 도축업에 종사하던 허저를 천하장사라는 이유 하나로 하루아침에 상장군으로 등용하는 일은 나 이전에는 꿈에서조차 상상할 수 없었던 일이었다. 나는 적어도 천년 가까이 이어져 오던 그러한 전통과 관성을 하루아침에 가뿐히 뛰어넘어 새로운 관리임용 기준을 제시했다. 그뿐만 아니다. 당당히 선포하건대 나는 위대한 시인이었다. 사람들은 내가 승상으로서 적벽대전같이 크고 작은 전투를 많이 치러서 그런지 나를 정치가나 군사전략가 정도로만 보는 경향이 있다. 하지만 나는 중국 시가의 발전에 지대한 공을 세운, 역대로 손 꼽혀 왔던 탁월한 문인이었다.

훗날 중국 문학사가들이 중국 시가를 나 이전과 나 이후로 나눌 정도였다. 그도 그럴 것이 내가 바로 개인적 서정을 본격적으로 노래한 최초의 시인이었기 때문이다. 물론 내 이전의 시에도 서정이 담겨 있었다. 그러나 이는 집단의 서정이었지 어느 한 개인의 서정이 아니었다. 집단의 서정이라니 무슨 말인지 감이 잘 안 잡히면 민요를 떠올려보면 된다. 나 이전의 사람들은 시에 서정을 담는다면 그건 민요처럼 집단적 서정이어야 한다고 생각했다. 그렇게 줄잡아 천여 년 동안 지속한 전통을 나는 확 깨부수었다. 그것도 멋지게 말이다. 또 못 믿겠다고? 그럼 소설 『삼국지연의』를 펼쳐 보면 된다. 어처구니없게도 유비가 주인공처럼 서술되어 있지만 한번 살펴 보자. 주인공 유비의 시가 과연 몇 수나 실려 있는지를. 한 수도 실려 있지 않다. 그럼 또 다른 주인공처럼 서술된 제갈량의 시는? 한두 수 달랑 실려 있고 그 수준도 영 아니다. 반면에 내 시를 찾아 읽어 보라. 어떠한가? 시도 몇 편 실렸거니와 그 수준도 썩 좋지 않은가! 그만큼 내가 지은 시는 유명했고 시대가 바뀌어도 사람들의 마음을 여전하게 울렸기에 소설에도 실릴 수 있었던 것이다. 게다가 나는 많은 문인을 후원하여 중국사상 최초로 문단을 조성하기도 했다. 사실 나는 30여 년 동안 전장을 누비면서도 틈틈이 시를 지었을 만큼 문학을 사랑했다. 정치적 술수와 강력한 무력이 훨씬 쓸모 있던 시절이었음에도 말이다.

한마디로 중국 역사에서 나를 기준으로 하여 나 이전과 나 이후로 나뉘는 것이 장장 4가지나 된다. 관리 조직 방식, 관리 등용 기준이 그러하고 서정시 창작과 문단의 조성이 또한 그러하다. 나는 병법에도 밝아 손무가 쓴 『손자병법』이란 병법서에 해설을 달기도 했다. 나중에 아들 조비가 "위 무제께서 주석을 단 손자병법"이라는 뜻의 『위무제주손자魏武帝注孫子』란 서명으로 간행해 주었는데, 여기서 '무제'는 나의 사후 조비가 나를 황제로 높여 붙여 준 시호이다. 훗날 손무가 쓴 책이 소실됐으니 오늘날에도 이승 사람들이 『손자병법』을 볼 수 있게 된 데는 나의 이 책이 결정적으로 기여한 셈이다.

역시 간사한 인물답게 자기 자랑을 잔뜩 했다고 또 씹어대고 싶은가? 하지만 맹세코 말하건대 이는 내가 근거 없이 떠벌린 자랑이 아니다. 내가 이승에 있을 때 실제 이룩했던 업적 중 생각나는 대로 간추려 있는 그대로 말했을 뿐이다. 그래서 이러한 생각이 절로 든다. 수많은 인물이 명멸했던 수천 년의 중국역사라 하지만 나처럼 여러 분야에 걸쳐 영웅다운 업적을 쌓은 이가 과연 몇이나 되겠는가 하는 생각 말이다. 나는 명실상부한 정치 영웅이자 군사 영웅 그리고 문학 영웅이었던 것이다.

간사한 놈과 멋진 이 사이에서

사정이 이러함에도 왜 내가 간웅 취급을 받아야 하는가? 아무래도 저자나 독서 대중, 시대 조류 등에 영향을 받은 결과가 아닌가 싶다.

"조조는 비범한 인물이며 시대를 초월한 영웅이었다." 황제의 명에 의해 집필된 공식 역사에 기록된 나에 대한 평가이다. 진晉의 진수라는 학자가 편찬한 정사 『삼국지』에 실려 있는 문구이다. 진나라는 나의 위나라뿐 아니라 유비의 촉나라, 손권의 오나라를 차례로 통일하며 건설한 나라로, 그 세 나라 중 위나라의 마지막 군주로부터 천자의 자리를 선양받았다. 하여 국가 정통성의 근거를 위나라에 두었다. 국가의 정통성을 확보하는 건 무척 중요한 일이다. 지금이라고 해서 다를 바 없다. 한국도 마찬가지 아닌가? 헌법 전문에 대한민국 정통성의 근거로 대한민국임시정부부터 3.1 운동, 4.19 민주혁명, 5.18 민주화운동 등이 나열된 까닭이다. 다시 진수 얘기로 돌아가면, 위나라도 공식적으로는 내 아들 조비가 한 제국의 마지막 황제로부터 천자 자리를 선양받는 형식으로 왕조의 정통성을 확보했다. 덕분에 위, 촉, 오 세 나라 가운데 위나라가 역사적 정통성을 이었다는 평가를 받았다. 그러니까 나는 정통성을 갖춘 역사에서 '비범한 영웅'으로 평가되었던 것이다.

어떤 이들은 이를 두고, 원래 촉나라 출신이었던 진수가 진의 조정에 잘 보이기 위해 진나라 정통성의 근거인 위나라를 높였고, 같은 맥락에서 위나라의 기초를 닦은 나를 의도적으로 높게 평가했다고 딴죽을 걸곤 했다. 뭐, 그렇게 볼 수 있음에 나도 동의한다. 역사 기록조차도 쓰는 이의 처지와 의도, 욕망 등에 적잖이 영향받음은 분명 부인할 수 없는 사실이니까. 하여 이곳 저승에서 진수를 찾아가 따져 물었다. 그러자 진수는 텍스트를 읽음에 저자의 의도를 꼭 따져야 할 필요는 없지 않으냐며 설렁설렁 얼버무렸다. 엄청 괘씸하게도 말이다. 아무튼, 나는 앞서 말한 것처럼 평생에 걸쳐 영웅이라 불려도 손색없을 정도의 업적을 쌓았다. 그러한 사실은 도외시하고 날 높게 평가한 것을 두고 글쓴이가 망한 촉나라 사람이라는 이유를 들어 의도적 왜곡 운운하고 있으니 이에 대해 뭐라 말해야 할지, 말 그대로 답답할 따름이다.

참, 진수 얘기가 나오니 배송지란 친구 얘기를 안 할 수 없게 되었다. 이 자로 인해 내가 부정적으로 묘사되기 시작했기 때문이다. 진수보다 한 100년쯤 후를 살다가 여기 저승으로 온 이 친구는 진수의 『삼국지』에 주석을 달았던 학자였다. 이때 그는 검증된 역사적 사실만으로 주석을 달지 않고 민간에 떠돌던 이야기를 대거 활용하였다. 그 결과 역사와 이야기가 본격적으로 섞였다. 솔직히 나도 역사보다는 이야기가 더 재미있고 실감 난다는 데 동의한다. 그렇다고 전문적으로 수련받은 학자의 공식적 역사 서술을 민간에 떠도는 이야기로 해설한다는 것은 쉬이 이해되지 않는 처사다. 아무튼, 그 결과 나는 위엄이 없고 밤낮 가리지 않고 유흥에 탐닉했으며 나보다 똑똑한 수하를 질투하여 죽이거나 낮잠을 깨운 애첩을 명을 어겼다는 명목으로 그 자리서 죽여 버리는, 그렇게 잔인무도하고 교활한 사람으로 치부되기 시작했다. 원통하고 또 원통할 따름이다.

　물론 역사적 사실 자체보다는 그것을 소재로 한 이야기가 대중에게 더 잘 먹히기 마련이다. 전파도 훨씬 빠르고 유포 범위도 한층 넓다. 게다가 한번 들으면 잘 잊히지도 않는다. 역사 기술보다는 역사 이야기의 생명력이 또 생존력이 더 강하기 마련인 까닭이다. 그래서일까? 시간이 흐를수록 내 이미지는 부정 일변도로 흘러 부정적 이미지가 또 강화되고 증폭되었다. 대중의 선호가 나보다는 유비로 흐르자 나를 비길 데 없는 영웅으로 평가한 역사적 평가가 오히려 묻히는 현상까지 벌어졌다. 대중의 기호나 욕망이 공식 역사보다도 강했음이다. 그러니 소설『삼국지연의』에서 나는 나쁜 놈, 유비는 선한 사람의 구도를 오지게 밀고 나갔던 게 이해되지 않는 건 아니다. 소설 출판의 주목적이 이윤 획득이었기에 서사를 대중의 기호에 적극적으로 맞춰 간 결과였다.

　그런데 여기에 시대 조류가 더해지자 간웅이라는 나의 이미지가 마냥 고착되어 갔다. 여기서 시대 조류라 함은 남송이라는 시대의 주된 분위기를 말하는 것이다. 당시는 유목 민족에게 중원의 본향인 황하 유역을 빼앗기고 한족이 장강 이남으로 쫓겨난 시대였다. 자기들이 야만시해 온 유목 민족에게 중원 본토를 빼앗겨서 그런지 시대적 울분이 짙게 형성되었고, 이러한 시대조류가 유비에게 집중적으로 투사되었다. 자신들이 약자의 자리에 처하다 보니 상대적 약자인 유비에 대한 동정심이 일었던 게다. 소설은 유비에게 한없이 우호적으로 흘렀고, 나는 가멸차게 간특한 인물로 내몰렸다. 대중의 선호에다

시대조류가 겹쳐지자 정사에서의 평가 따위는 거의 개에게 던져줘라 하는 형국이었다. 이러한 풍조는 시대가 흐를수록 더욱 강해졌는데, 그 결정판은 모종강이란 친구의 선언이었다. 그는 남송보다 한참 후 인 청대 사람으로 『삼국지연의』의 가장 잘나가는 판본을 편찬한 이 였다. 한마디로 내 얘기를 갖고 대박을 터뜨렸던 인물인데, 정말이지 어이없게도 그는 『삼국지연의』을 개괄하면서 이 책에는 "관우의 의 리, 조조의 간교함, 제갈량의 지모", 이렇게 3가지의 절정이 서술되어 있다며 대놓고 나를 간악함의 끝판왕으로 몰아세웠다. 물론 모종강 이란 친구가 살았던 청대도 만주족에게 중원을 빼앗긴 채 그들의 통 치를 받다 보니 남송대와 유사한 시대조류가 강하게 형성되었던 것 은 잘 알고 있다. 그러니 나를 한없이 이렇게 몰아가고 싶었을 게다. 그래도 그렇지, 관우하고 제갈량을 긍정의 아이콘으로 추켜대는 사 이에 나를 위치시켜 나의 부정적 면모를 이리도 선명하게 대비시킬 필요까지는…. 게다가 유비의 졸렬함은 쏙 빼버리고 말이지!

문득 나의 자랑스러운 후배 루쉰이 한 얘기가 떠오른다. "좋은 사 람을 묘사한 곳에는 자그마한 단점조차 전혀 언급되어 있지 않고, 못 된 사람을 묘사한 대목에는 좋은 점이 한 점도 들어 있지 않다." 딱 『삼국지연의』를 두고 한 말이다. 유비의 유약함과 졸렬함마저 나의 결단력과 통 큼을 간특함과 음흉함으로 몰아가는 방편으로 써먹었 을 정도였으니 무얼 더 말할 필요가 있겠는가 싶다. 그나마 "난세의 간웅, 치세의 영웅"이라는 평가가 있어 다행이었다. 이는 내가 잘 다 스려지는 태평한 세상에서 살았다면 영웅이 됐을 터인데 하필 혼란한 시절에 태어나 살다 보니 피치 못하게 간웅이 됐다는 뜻이다. 내가 간웅이 된 데는 세상 탓이 크다며 나를 두둔해 준 셈이다. 누가 영웅이냐 아니냐를 따질 때 그 사람 자체의 역량만 아니라 시대적 조건을 우선하여 따져볼 필요가 있다고 나를 대신해서 독서 대중을 일깨워 주었음이니 자그맣지만 그래도 위로가 되었던 말이다.

영웅은 영웅이 알아보는 법!

이승의 달력으로 올해가 2021년이라고 하니까, 내가 저승으로 떠나온 지 1800년 하고 한 해가 지났다. 그 오랜 세월 쌓인 게 많다 보니 넋두리만 잔뜩 늘어놓은 꼴이 됐다. 이제 진정 좀 하고, 끝으로 '지기' 유비와 좋았던 기억 한 장면 소개하고 물러날까 한다.

소설에서는 내가 유비를 못 잡아먹어서 한이 맺힌 것처럼 몰아갔지만 실은 전혀 그러하지 않았다. 나는 본래 사람 욕심이 많았다. 오죽했으면 한 가지 역량만 출중해도 바로 높은 자리에 임용했을까! 유비도 마찬가지였다. 유비가 서주를 맹장 여포에게 뺏기고 도망쳐 나와 나를 찾아왔을 때 부하들은 유비가 장차 틀림없이 큰 후환이 될 거라면서 죽이자고 했지만, 나는 지금은 천하의 인재를 모을 때이지 제거할 때가 아니라는 논리로 유비를 지켜 주고 그 일행을 후하게 대했다. 물론 훗날 크게 될 가능성이 있는 인물을, 그래서 나 자신에게 가장 큰 적이 될 가능성이 있는 세력을 내 가까이에 둠으로써 내 사람으로 만드는 한편 효율적으로 감시할 수 있으니 결코 손해 보는 일은 아니라는 생각도 들었다. 결국 유비는 내 사람도 되지 않았고, 부하들의 예측대로 골치 꽤나 썩이는 큰 인물이 되었다. 그럼에도 나는 유비만이 나와 짝할 수 있는 지기가 될 수 있다고 믿었다. 무릇 영웅은 영웅만이 참되게 알아줄 수 있기에 그러했다.

유비는 내가 자기를 늘 지켜보고 있다고 생각해서 그런지 내가 마련해 준 거처 뒤뜰에 채소밭을 일구면서 소일하던 참이었다. 듣자 하니 관우와 장비는 "채소밭이나 가꾸는 것은 필부나 할 일"이라며 유비의 그러한 모습에 한껏 불평을 쏟아냈지만, 유비는 잠자코 있으라며 그들을 진정시킬 따름이었다고 한다. 하여 위로도 할 겸 내 집 후원에 소박한 주연상을 차린 후 유비를 초청했다. 때는 매화 향 차분히 내려앉는 초봄이었다. 얼마 후 유비가 내 집에 허겁지겁 당도했는데 그 형색을 보니 내가 또 무슨 속셈으로 자기를 불렀는가 싶어 잔뜩 긴장한 기색이 역력하였다. 내가 자기 속내를 떠보려 불렀다고 생각하는 게 틀림없었다. 나는 반갑게 맞이했고 유비는 늘 그렇듯이 깍듯하게 예를 갖춰 인사를 했다. 그런 후 솔직하게 말했다. 매화가 멋들어지게 핀 후원을 거닐다 문득 당신이 생각나서 그냥 일없이 술 한잔 나누고 싶어 초빙했다고. 그러면서 유비를 후원으로 안내했다. 내 진정이 통했는지 흘끔 보니 유비도 한결 편안해진 듯싶었다. 소설에서도 나와 유비 사이의 이 장면이 무척 인상 깊었는지 다음과 같이 나름 사실적으로 묘사했다.

유현덕(유비)은 그제야 안심하고 조조를 따라 정자로 올라갔다. 상위에는 푸른 매실이 놓여 있고, 술도 준비되어 있었다. 두 사람은 마주 바라보고 앉아 유유히 대작한다. 서로 술기운이 얼근히 돌았을 때였다. 갑자기 검은 구름이 하늘을 뒤덮더니 댓줄기 같은 빗발이 쏟아진다. 시종하는 자가 멀리 하늘을 가리키면서 고한다. "용이 하늘로 올라갑니다." (…) 조조는 유현덕과 함께 난간에 기대어 그 일대 장관을 바라보다가 묻는다. "공은 용의 변화를 아시오?" "아직 자세한 건 모릅니다." 조조가 설명한다. "용은 능히 클 수도 작을 수도 있고 능히 오를 수도 숨을 수도 있으니, 클 때는 구름과 안개를 토하며 작을 때는 티끌 속에 몸을 감추지요. 오르면 우주 사이를 날며 숨으면 파도 속으로 잠복하나니, 바야흐로 이제 봄이 된 즉, 용이 때를 만나 변화하는 것은 마치 사람이 큰 뜻을 세워 천하를 종횡으로 치닫는 것과 같아서, 자고로 용을 영웅에 비교하지요. 현덕은 오랫동안 여러 곳에서 많은 것을 깨달은 바 있으리니, 반드시 당대의 영웅을 알 것이오. 청컨대, 누가 당대 영웅입디까" 유현덕은 대답한다. "유비의 속된 눈으로 어찌 영웅을 알아보겠습니까?" (…) 조조가 말한다. "대저 영웅이란 가슴에 큰 뜻을 품고 뱃속에 뛰어난 계책을 숨기고, 우주를 포용하는 기틀과 천지를 삼키며 토하는 의지가 있는 자라야만 하오." 유현덕이 묻는다. "누가 능히 그럴 수 있나요?" 조조를 엄지손가락을 세워 바로 유현덕을 가리킨 후에, 다시 자기 자신을 가리키며 말한다. "오늘날 천하의 영웅은 그대와 나뿐이오." 이 한마디에 현덕은 크게 놀라 자기도 모르게 들었던 젓가락을 떨어뜨렸다. 이때 비가 억수로 쏟아지며 뇌성벽력이 천지를 진동한다. 현덕은 조용히 몸을 숙여 떨어진 젓가락을 주워 올리고 변명한다. "뇌성벽력이 한번 위엄을 떨치는 바람에, 그만 실수했습니다."

– 나관중 지음, 김구용 옮김, 『삼국지연의 2』, 서울: 솔, 2006, 251-3쪽

사실 이때 나는 유비에게 살짝 실망했다. 나는 진심이었는데 그는 영웅답지 않게 졸렬함을 가장하여 나의 진정을 비껴갔다. 내가 "가슴에 큰 뜻을 품고 뱃속에 뛰어난 계책을 숨기고, 우주를 포용하는 기틀과 천지를 삼키며 토하는 의지가 있는 자"가 참 영웅이니, "오늘날 천하의 영웅은 그대와 나뿐이오"라고 한 말은 솔직한 내 마음 자체였다. 그런데 때마침 쳐대는 천둥번개를 핑계로 졸장부인 양 내 눈을 속이려고 했으니…. 물론 지금은 내가 유비의 처지였다면 나는 더하지 않았을까 싶어 훌훌 털어버린 지 이미 오래됐다.

아, 그때 유비의 영웅관을 접했을 때도 짐짓 실망했었다. 앞서 소개한 인용문 가운데 생략한 부분이 바로 유비가 자신이 생각하는 영웅과 그 근거를 제시한 대목이다. 유비는 '풍족한 군사와 재력의 소유자'라든지 '유능한 부하를 수하에 많이 거느린 명문가의 후예'라든지, 또는 '작은 것은 버리고 큰 것을 취할 줄 알고 결단력이 있으며 선이 굵은 이' 내지 '전 사회적 명성의 소유자'이거나 '혈기왕성한 호걸' 등의 조건을 갖추고 있으면 영웅이라 할 수 있지 않으냐고 했다. 물론 이러한 조건을 갖춘 이들이 영웅이 되지 말라는 법이 있는 건 아니다. 비록 말로가 초라하고 추악했지만 맹장 여포라든지, 명문 세

가의 후손으로 승승장구하다 자만심에 빠져 결국 나에게 대패하여 죽음을 맞이한 원소, 또 강동의 호랑이라 불리던 손책 같은 이들도 영웅이라 한다면 굳이 부정할 의사는 없지만, 그래도 이 정도만으로 영웅이라 칭하기에는 사뭇 부족하다는 것이 그때나 지금이나 변함없는 내 생각이다. 정말이지 나나 유비 정도가 되지 못한다면 참 영웅이라 할 만하지 못하다는 건 나의 참된 마음이었다. 이러한 나의 참됨이 소설에서 그러했듯이 세상에서는 전혀 먹히지 않고 도리어 나의 간사함을 드러내는 일화로 악용되었지만 말이다.

그래, 세상은 어차피 어느 한 개인의 뜻대로 되지 않는 법, 고백건대 "차라리 내가 세상 모든 사람을 속일지언정 세상 사람들이 나를 속이게 하지 못하게 하리라!"라는 기개로 일생을 살아 왔던 나답게 이제 그만 신경 쓰지 않고 이곳 저승에서도 그렇게 살고자 한다.

15장

여성의 영웅되기
—뮬란부터 당새아까지

김월회

'유리천장'이라는 말이 있다. 여성의 사회 활동과 관련하여 곧잘 쓰이는 표현이다. 여성의 사회 진출이 이전에 비해 나아졌다고는 하지만 관련 통계가 명료하게 말해 주듯이 여성의 사회 활동에는 직종 불문하고 여전히 두꺼운 벽이 존재한다. 그래서 이 말은 예컨대 금수 저, 기울어진 운동장, 선택적 정의 같은 표현과 함께 우리 사회의 불공정과 부조리의 표상처럼 쓰인다. 남성에게 사뭇 기울어진 운동장 위를 강고한 유리천장이 뒤덮고 있는 형국이다.

기울어진 서사의 장

영웅 서사에서도 마찬가지다. 서사의 장은 남성 캐릭터 중심으로 급격히 기울었고 그 위를 덮고 있는 유리천장은 그 위세가 대단했다. 하여 그리스 로마 신화에서 보듯 영웅의 절대다수는 남성이며, 슈퍼맨이나 스파이더맨, 아이언맨 등 국제적으로도 흥행 가도를 달린 최신의 서구 영웅 캐릭터도 거의 다 남성이다.

물론 블랙 위도우, 캡틴 마블 같은 여성 영웅도 있다. 그러나 이들은 남성 영웅의 보조나 들러리인지라 구색 맞추기라는 인상이 여간해서는 쉽게 지워지지 않는다. 애초 단독 주인공이었던 원더우먼 같은 캐릭터도 남성 영웅 일색이었던 시절에 빚어진 여성 캐릭터인 까닭에 여성에 대한 진전된 관점의 표출로 보기는 어렵다.

고대 중국도 예외가 아니었다. 중국이 천고의 명작이라며 추켜세우는 '사대기서'의 하나인 『수호전』에는 108명의 영웅호걸이 등장하는데 이 중 여성은 10명이 채 되지 않는다. 『삼국지연의』에서 여성 영웅이라 할 만한 캐릭터는 서사 비중이 그다지 크지 않은 손권의 여동생 정도랄까, 없다고 하는 편이 차라리 솔직하다. 이는 『서유기』도 마찬가지며 특히 이 소설에서 여성은 절대다수가 요녀나 마녀 등의 부정적 캐릭터로 등장할 따름이다.

그렇다고 여성 영웅이 전혀 없었다는 얘기는 아니다. 남성 영웅 캐릭터에 비하자면 턱없는 수준이기는 해도 후대로 올수록, 그러니까 당대를 거쳐 송대, 원대 그리고 명대와 청대를 거치면서 여성 영웅 캐릭터가 서사의 장에 전보다는 적잖이 등장했다. 이때는 후대로 올수록 도시가 더욱 커지고 도시 문화가 꽃폈으며 상업의 규모가 갈수록 거대해지던 시기였다. 덕분에 정통 문인 지식인 일색이던 독서 시장에서 관계 진출에 실패한 도시의 신흥 지식인과 성장한 상인 계층, 여성 등이 독자층의 새로운 주류로 등장하게 되었다. 여성 영웅 캐릭터는 이러한 흐름의 산물이었다. 독서 시장에서만이 아니었다. 경제가 발달하고 시장이 확대되며 민간 영역이 성장한 결과 도시와 향촌 할 것 없이 민간에서는 각종 형식의 연극이 일상적으로 상연되었다. 여성 영웅은 이러한 민간 공연에서도 새로운 캐릭터로 제법 사랑받았다.

열녀烈女, 기녀奇女 그리고 협녀俠女

비범한 능력을 지닌 여성[奇女]이라든지 남자 못지않은 의협을 행한 여성[俠女], 빼어난 무공을 소유한 여성 장수의 서사는 이러한 배경 아래서 자주 등장했다. 명대에 간행된 『검협전』에는 당대와 송대의 영웅 이야기 가운데 대표적인 것 33편이 수록되었는데 이 중 12편이 여성 협객이 주인공이었을 정도였다. 이들은 단지 남성 영웅의 보조 역할이나 구색 맞추기 용으로 동원된 캐릭터도 아니었다. 그녀들은 독자적으로 남성들이 하지 못하는 일을 너끈히 해내는 독립적 여성 영웅이었다. 18세기에 출간된 소설집 『요재지이』에 나오는 '협녀俠女'는 그러한 여성 영웅의 대표 격이다.

그녀는 눈먼 홀어머니를 모시고 힘겹게 살았던 탓에 이웃집 할머니에게 신세를 많이 지게 된다. 한번은 이웃집 할머니가 병을 앓자

정성을 다해 봉양하였다. 병이 낫자 할머니는 자기를 간호해 준 보답으로 협녀를 자기 아들 고생과 맺어 주고자 한다. 협녀는 이를 거부했지만, 이후로도 할머니와 고생은 협녀 모녀를 계속 돌보아 주었다. 얼마 후 협녀의 어머니가 세상을 떠났다. 그동안 보살펴 준 할머니 모자에게 달리 보답할 바가 없었던 협녀는 결혼은 안 한 채 고생과 몇 차례 관계를 함으로써 할머니에게 손자를 안겨 준다. 그리고 며칠이 지난 어느 날 밤, 협녀는 손에 가죽 주머니를 든 채 고생의 방문을 두드리고 들어왔다. 의아해하는 고생에게 그녀는 자신이 도모했던 큰일을 드디어 이루었다며 이제 헤어질 때라고 고했다. 그러고는 저간의 사정을 얘기했다. 협녀는 본래 아버지가 높은 벼슬을 한 집안의 딸이었다. 그런데 아버지가 무고를 당해 목숨을 잃게 되자 늙은 어머니를 둘러업고 고생의 고을로 숨어 들어와 살면서 원수에게 복수할 기회를 노리고 있었다. 그러는 중에 고생 모자로부터 은혜를 입자 그 보답으로 아들을 낳아 주었고, 어머니도 돌아가셨기에 복수를 감행하여 성공하였던 참이라고 했다. 협녀가 들고 있던 가죽 주머니에는 원수의 목이 담겨 있었다. 협녀는 말을 마친 후 고생더러 당신은 박복하지만 이 아이는 가문을 빛낼 인재라면서 아들을 잘 돌봐달라는 말을 남기고선 훌쩍 떠났다. 이 일이 있은 지 3년 후 고생은 정말로 세상을 떠났다. 하지만 그 아들은 열여덟에 진사가 되는 등 크게 출세하여 할머니를 잘 모셨다고 한다.

이 이야기 속 협녀는 자신에게 닥친 고통스러운 운명의 굴레로부터 자신을 구제했고, 결혼이라는 남성 중심적 질서도 거부했다. 또한 아들도 미련 없이 포기하는, 여성에게는 덕이면서 동시에 짐일 수도 있는 모성을 일말의 망설임도 없이 초극했다. 곧 협녀는 모진 운명을 늠름하게 해쳐가는 강인함과 불의를 너끈히 응징할 수 있는 무공, 어려움 속에서도 은혜를 갚을 줄 아는 의로움 등을 두루 갖춘 캐릭터이다. 사실 이는 남성 캐릭터에서 주로 목도되는 영웅상이다. 그러나 이 이야기에서 남성은 그저 보조적 역할을 담당하고 있을 따름이다. 남성상과 여성상의 전복이 일어난 셈이다.

한편 협녀는 모든 일을 여성 자신이 주체적으로 판단하고 수행하는 캐릭터이기도 하다. 이는 정도의 차이는 있지만 '기녀妓女'라 불리는 여성 캐릭터의 서사에서도 동일하게 목도된다. 이를테면 역시 『요재지이』에 실려 있는 '안 씨顏氏' 같은 캐릭터가 대표적 예다. 어려서부터 부친으로부터 기재 소리를 들으며 학문을 닦았던 안 씨는 조실부모한 채로 살다가 역시 조실부모했지만 평판 좋고 글솜씨도 괜찮은 데다 미소년 풍모를 지닌 이웃 동네의 한 서생과 결혼한다. 이후 그 서생은 두어 차례 과거를 보았지만 낙방한다. 그러자 안 씨는 이를 짐짓 비웃으며 자기라면 급제는 따 놓은 당상이라고 호언장담한다. 그러고는 실제로 남장을 하니 부부의 생김새가 아주 비슷했다. 그렇게 안 씨는 남장한 채 과거에 응시하여 전국 4등이라는 발군의 성적으로 급제를 한다. 이후 그녀는 남장을 벗지 않은 채 출사했고 계속 승승장구하여 어사라는 고위직에 오른다. 이 과정에서 안 씨의 남편은 보조적 역할을 수행할 뿐이었고, 나중에는 여성으로 돌아가고자 하는 안 씨의 관직을 이어받아 안 씨 아바타로서의 삶을 산다. 협녀 이야기처럼 안 씨 이야기에서도 남성상과 여성상이 전복된 채 제시된 셈이다.

협녀나 안 씨와 같은 캐릭터, 그러니까 여성 스스로가 문제적 상황을 누구의 도움 없이 주체적으로 극복해가는 서사는 고대 중국의 오랜 여성 서사 전통과 그 궤를 사뭇 달리하는 것이었다. 예컨대 여와女媧 같이, 신화 속 세상을 구제하는 여성 영웅의 캐릭터가 끊긴 이래 고대 중국에선 오랫동안 여성 영웅 캐릭터가 재생산되지 않았다. 대신 열녀형의 여성 캐릭터가 주류를 형성했다. 이른바 '부덕婦德'으로 대변되는, 사회의 주류인 남성의 이해관계에 의해 덧씌워진 윤리를 충실하게 수행하는 여성 서사 일색이었다. 여성 영웅의 선두 주자처럼 여겨지는, 하여 대대로 끊임없이 변주되며 재생산되고, 근자에 들어서는 '뮬란'이라는 이름으로 할리우드가 두 번에 걸쳐 재생산한 목란 이야기조차 열녀 코드로 읽어 온 것은 그래서 당연하게 느껴질 정도이다.

남장한 채 남성 되기를 거부한 목란

목란 이야기는 1500년쯤 전인, 훗날 북조라고 불리던 시대에 나온 「목란사」라는 민가에 처음 등장한다. 넉넉지 못한 형편의 가정에서 목란은 연로한 부모와 언니, 남동생과 함께 살았다. 한번은 나라에 외침이 있자 아버지에게 12번째 징집 영장이 떨어진다. 베틀 위에서 밤

새워 걱정하던 목란은 집안에 장성한 아들이 없는 만큼 노쇠한 아버지를 대신하여 자신이 나설 수밖에 없다며 남장한 채 징집에 응한다. 이후 12년간 목란은 눈부신 전공을 세웠고, 전쟁이 끝나자 황제에게 최고 등급의 관작과 함께 수많은 하사품을 받는다. 이에 더하여 황제는 높은 벼슬자리를 주고자 했지만 이를 사양하고 목란은 고향으로 돌아와 남장을 풀고 다시 부모님의 딸로, 언니의 동생으로, 남동생의 누나로 돌아가니 12년간 전장에서 목숨을 같이한 전우들은 그제야 목란이 여자임을 알고 깜짝 놀랐다는 내용이다.

여성임에도 목란의 전공은 대단했다. 황제의 엄청난 하사품과 높은 관작의 수여가 이를 잘 말해 준다. 백 번의 전투를 치를 정도로 격렬했던 전장에서 남자 장수들이 연이어 죽어갔건만 여성인 목란은 빼어난 전공을 세우며 살아 돌아왔으니 영웅이라고 해도 손색이 없다. 남자라도 이룩하기 힘든 일을 여성의 몸으로 너끈히 해냈다는 얘기는 아니다. 이후 목란 이야기는 곧잘 재창작되었는데 그 양상을 보면 목란이 아버지 징집 영장을 보면서 시름겨워하다 징집에 응하는 대목이나 전장에서 귀환 후 높은 벼슬자리를 마다하고 집으로 돌아와 다시 딸로 돌아갔다는 장면 등을 들어 목란을 지극한 효녀 형상으로 해석했다. 예의 열녀형 여성 서사 기제가 작동됐음이다. 그러나 민가 「목란사」에 보이는 목란의 이러한 선택과 행동을 반드시 효라는 남성 중심의 유교 윤리로 해석해야 하는 건 아니다. 목란의 늙은 아버지에 대한 걱정은 가족 간에 자연스럽게 형성되는 정을 기반으로 한다. 이는 핏줄과 일상을 공유함으로써 자연스럽게 품게 되는 감정으로 유교의 교화를 받았기에 지니게 되는 윤리가 아니다. 황제의 제안을 거절하고 고향 집으로 돌아가 가족과 행복하게 조우하는 마지막 장면 또한 마찬가지다. 부모에 대한 효도라든지 세속적 영달에 대한 달관 같은 윤리적 판단을 근거로 한 선택이라기보다는 자기 본연의 상태로 회귀하고자 하는 인지상정의 자연스러운 발로로 보는 것이 한결 자연스럽다.

이렇게 보면 목란을 열녀 형상과 묶을 이유가 하나도 없게 된다. 또한 목란이 남성들이 뒤덮은 유리천장을 깨고자 징집에 응하고 전장에서 빼어난 무공을 뽐내며 승승장구한 것이 아님도 알 수 있다. 민가 속 목란 이야기에는 목란이 남성과 견주어 더 나음을 입증하고자 하는 대목이 전혀 없다. 단적으로 목란은 여성으로서 남성을 압도하는 무예와 지혜를 소유한 용장이자 덕장인 동시에 여성에게 할당되었던 여성 고유의 역할도 훌륭하게 수행하는 흠 잡을 데 없는 인간상도 아니다. 이러한 여성상은 지금도 그러하듯이 남성 중심 사회가 걸어 놓은 유리천장 돌파를 위한 전제조건이었다. 실제로 후대에 등장한 여성 영웅 서사를 보면 여성에게 할당된 역할과 남성 몫이라고 여겨졌던 역할 모두에서 발군의 역량을 발휘한 여성상이 드물지 않게 등장한다. 송대의 명장 양업 장군 집안의 여성들을 모태로 한 양가장 이야기에 등장하는 목계영 같은 여성이 대표적 사례다. 명대 이후 민간에서 수백 종의 연극으로 재창작되며 대단한 인기를 누렸던 목계영은 부덕, 절의, 모성 등 여성에게 요구되었던 윤리에 충실하면서도 남성에게 요구되었던 충의와 무용, 지략 같은 덕목도 탁월하게 갖춘 여성 영웅이다. 이렇게 열녀로서의 여성상을 지님과 동시에 영웅으로서의 남성상을 겸비함으로써 그녀는 비로소 남성 중심 사회의 유리천장을 돌파하고 웅비하게 된다.

그러나 목란에게는 이러한 양상이 보이지 않는다. 그녀가 남장을 한 것은 아버지를 대신했기에 피치 못하게 택한 방도였지 남성에게 요구됐던 덕목을 잘 갖춤으로써 남성 사회의 주류에 들기 위해서가 아니었다. 곧 목란에게서 남장은 유리천장 아래서의 입신양명함과는 무관했다. 목란 이야기가 유목 민족 치하의 북조 시대를 배경으로 했고 목란이 유목민의 후예였다는 점도 이러한 분석에 힘을 실어 준다. 유목사회는 농경사회와 달리 여성도 기마와 활쏘기 등에 능했고 전통적으로 남성 못지않은 무용을 지니곤 했다. 목란이 남장한 것은 아버지를 대신했기 때문일 뿐 남성성을 갖추기 위해서가 아니었다는 것이다. 결국 목란은 유리천장이 있든 없든 그것과 무관한 길을 걸었음이다. 아버지에 대한 깊은 정으로 인해 전장으로 향했고 열두 해 동안 전투를 치른 후 귀환하여 자기 본연의 환경으로 돌아간, 서사의 처음부터 끝까지 목란은 내내 여성이었다. 곧 전투에서 세운 공적이 탁월했던 여성 영웅 그 자체였지, 남성 중심 사회가 덧씌워놓은 유리천장 돌파의 조건을 갖추었기에 비로소 기릴 만한 의의를 지닌 여성 영웅은 아니었다.

유리천장의 바깥에서

　15세기 초엽, 중국 산동성 일대에서 특별한 농민반란이 일어났다. 반란군의 수장은 평민 출신으로 '불모佛母'라고 불리는 여성이었다. 불모는 석가모니의 모친이라는 뜻이니 천주교의 성모 마리아에 해당하는 위상과 영향력을 지녔던 셈이다. 반란의 이유는 조카인 건문제를 무력으로 내쫓고 황제로 등극한 명의 영락제가 무거운 세금을 매긴 데다가 자연재해, 흉년 등이 겹치면서 생활이 극도로 어려워졌기 때문이었다. 반란의 초반 기세는 등등했다. 산동성의 중요 거점을 차례로 점령해 갔다. 하지만 오래가지 못했다. 영락제가 파견한 군대에 의해 결국 진압당했다. 그런데 신기한 일이 발생했다. 반란군의 수장이었던 여인의 행방이 묘연했다. 불모라 불리던 그 여성 지도자 말이다.

　18세기 초엽, 이번에도 특별한 일이 발생했다. 다수의 고관대작을 비롯하여 문단의 영수, 유명 작가와 화가 같은 문화계의 명사 등이 비평을 남기는 등 지식인 사회에서 큰 반향을 불러일으킨 장편소설이 등장했다. 작가가 당시 고관대작이라든지 전국구급의 유명 인사였다면, 혹은 17, 18세기에 적잖이 출현했던 유명 여성 작가였다면 있을 수도 있는 일이었다. 그런데 작가는 지명도라고는 조금도 없었던 백면서생이었다. 더욱 신기한 일은 『삼국지연의』의 규모와 맞먹는 이 장편소설의 주인공이 여성 영웅이라는 점이었다. 아니 주인공뿐만 아니라 주인공 주변에 배치된 주요 캐릭터가 모두 여성 영웅이었다. 중국 소설의 역사에서 미증유의 현상이 나타난 셈이었다. 게다가 이 소설의 주인공은 다름 아닌 300여 년 전 영락제에 대항하여 농민 반란을 일으켰다가 실패한 후 행방이 묘연해진 불모라 불리던 그 여성 지도자였다. 실제 역사에서 반란군의 수장이었던 여인이 지식인 사회에서 큰 반향을 불러일으킨 소설의 주인공으로 화려하게 부활했던 것이다. 바로 당새아라는 이름의 여성이 주인공인 장편소설 『여선외사』 얘기다.

소설에서 당새아는 항아라는 여신의 화신으로 나온다. 항아는 고대 신화에서 세상을 극심한 가뭄에서 구제한 영웅 예라는 군주와 결혼했지만 남편에게 얽매임을 거부하고 불사의 약을 훔쳐 월궁月宮(달)으로 달아나 자기 세계를 구축한 능동적 여성의 상징이다. 소설에서도 항아의 이러한 면모가 유감없이 발휘되었다. 그녀는 자신을 희롱한 천랑성이란 신을 옥황상제에게 고소한다. 그러나 옥황상제는 천랑성은 물론이고 항아에게도 신답지 못한 행실을 범했다는 이유를 들어 혼란한 질서를 바로잡으라는 미션과 함께 인간계로 유배를 명한다. 그렇게 평민의 여성으로 다시 태어난 항아, 곧 당새아는 신계와 마계로부터 인간 여성으로 다시 태어난 공손대낭, 만타니 같은 여성 영웅들의 도움을 받아 자기 조카를 내쫓고 황제가 된 영락제를 진압함으로써 옥황상제로부터 받은 미션을 '클리어' 한다. 그러고는 인간계의 고관대작 따위에 눈길 한 번 주지 않은 채 표연히 하늘로 승천한다. 당새아는 실제 역사에선 조정에 반기를 든 반란군의 우두머리요 봉건적 지배 질서의 말단에 있는 평민이자 여성이었으며, 석가모니의 어머니라고 불리긴 했어도 관우나 제갈량처럼 대중에게 동정을 불러일으키거나 사랑을 받은 대상이 아니었던 인물이다. 그러한 여성이 100회나 되는 장편소설의 주인공으로 선택되어, 삼촌이 조카의 황제 자리를 찬탈한 역사를 바로잡으며 천하를 호령하는 여성 영웅으로 거듭났던 것이다.

이는 당새아가 남성 중심 사회의 윤리를 잘 체현하고 그 질서에 순종하는 캐릭터로 순치되었기 때문이 아니었다. 당새아가 군주로 대변되는 남성 중심의 세계질서를 거부하고 달로 떠난 항아의 화신으로 설정된 데서 보이듯이 『여선외사』에 등장하는 여성 영웅들은 의식적으로 남성 중심 사회의 윤리를 거부한다. 그래서 당새아와 마찬가지로 선계에 있다가 인간계로 하강한 공손대낭은 건문제를 영접하러 나가려는 당새아에게 "(우리가 당신을 위해 인간계에 내려옴) 이는 천하를 인도하여 건문제의 신하가 되도록 하기 위함이지 우리가 건문제에게 벼슬을 받아 그의 신하가 되려 함이 아닙니다. 당신께서 가서 영접하심은 결단코 불가합니다"고 단호하게 말한다. 비록 인간 세계에 인간으로 태어났지만 인간 세계의 질서에 포획되기를 거부하고 '우리'는 우리로서 우뚝 서야 한다는 선언이었다. 공손대낭뿐만이 아니다. 마계에서 당새아를 도우러 온 만타니도 자신이 관음보살에게 귀의한 것을 두고 이는 "석가모니가 나 때문에 영광스러워진 것이지 내가 그로 인해 생색낼 일은 아니다"고 단언한다. 당새아 주변 여성 영웅들의 강한 주체성이 잘 드러난 대목이다. 그뿐만 아니다. 여성을 남성 중심의 세계 질서에 얽매이게 하는 계기로 작동되거나 악용되는 가정이나 결혼, 임신 등도 이들 여성 영웅들에게는 아무런 장애가 되지 않는다. 이들에게서는 누구의 딸이고 누군가의 배우자라는 점이 중요하게 부각되지 않는다. 또한 이들은 전장에서 출산하고 아무 일 없었다는 듯 다시 전투에 임한다. 정절이나 부덕 같은 봉건적 윤리도 마찬가지다. 자기 몸을 전략적으로 활용하여 전투를 승리로 이끌었지만 정절을 잃었다며 목숨을 끊으려는 유연이란 여인에게 당새아와 만타니 등은 "죽음은 한 푼어치도 안 된다"며 훗날을 위해 어리석은 짓을 하지 말라고 단호히 꾸짖는다. 남성 중심 사회를 떠받들던 남성성은 이렇게 거세된다. 실제 역사의 바깥이라는 뜻의 '외사外史'가 소설 제목에 들어간 까닭이다.

그녀들이 선계나 마계 출신이었기 때문이기에 이런 일이 가능했던 것은 아니다. 『여선외사』에는 상풍, 연주예, 회설 등 꽤 많은 여성 캐릭터가 등장한다. 그리고 이들 대부분은 이렇다 할 만한 사회적 배경을 지니지 못한 평범하거나 비천한 신분 출신의 힘없는 사회적 약자였다. 게다가 이들은 『수호전』의 108명 영웅호걸 속 여성 호걸들처럼 본래부터 무예나 완력이 뛰어났던 유형도 아니었다. 이들은 당새아의 군대에 합류함으로써 태어나 처음으로 칼과 창을 든 여성들이었다. 그러나 그들은 당새아의 지휘 아래 장장 20여 년 동안 지속한 전투를 승리로 끌어내는 여성 영웅으로 거듭났다. "여성에 의한 실제 역사의 전복"이 상상됐음이다. 이렇듯 『여선외사』는 여성에 의한, 여성만의 장편 대서사극이요 영웅 서사였다. 이는 이 소설이 처음부터 남성 중심 사회가 받아들일 수 있는 여성상을 염두에 두지 않았음을 시사해 준다. 이 소설이 출판된 사회가 철저하게 남성 중심의 이해관계와 윤리, 질서로 점철된 봉건사회였다는 점을 감안하면,『여선외사』는 쉬이 나올 수 없거나 나와도 별 반향 없을 성싶었던 소설이다. 그럼에도 이 소설은 출간 당시 중국뿐 아니라 바다 건너 조선에서도 3종의 언해본이 나왔을 정도로 '국제적'으로도 각광받았다.

물론 이는 한족의 명 왕조가 만주족의 청 왕조로 대체되는 과정에서 사회 주도층인 남성에 대한 기대가 남성들 사이에서조차 격감했음의 반증일 수 있다. 기존 사회질서를 대체할 수 있는 새로운 사회질서에 대한 기대가 사회 저변에 적잖이 깔려 있었을 수 있다. 상업의 발달과 민간 영역의 확장 등의 결과 중국이나 조선 할 것 없이 여성 독자층이 꽤 형성됐기에 가능했던 현상일 수도 있다. 어느 경우든 『여선외사』에 반응한 독자들은 유리천장 바깥의 세계, 곧 여성에 의한 여성만의 세계를 구축하고 정절이나 부덕 같은 윤리에 구애받지 않으며 천하를 호령하는 여성상에 호응했다. 그들에게 부덕의 화신인 열녀상이나 기이한 재주를 지녔거나 남다른 의협을 행했지만 남성 중심 사회의 유리천장 안에서 그것을 극복하고자 했던 여성상은 더는 영웅답지 못했음이다.

주류의 핵심자산으로 유리천장을 가로지르다

이쯤에서 "남다른 기개나 비장함, 의로움, 지략, 무공 등을 갖추어야 비로소 영웅이라고 할 수 있는가?"라는 물음을 던져 볼 필요가 있다. 영웅의 자격 요건을 그러한 역량과 연계하는 시각 자체가 영웅에 대한 남성적 또는 남성 중심적 시각에서 비롯되었을 수 있기 때문이다. 이러한 시각에 입각하면 여성 영웅을 특수한 상황이나 비현실 또는 초현실적 상황에서나 존재 가능한 것으로 한정을 짓는 또 다른 왜곡이 범해질 수도 있다. 그렇다면 '일상생활 테두리 안의 여성 영웅'이라는 설정은 과연 불가능한 것일까? 이와 관련하여 참조할 만한 이야기가 있다. 『유림외사』라는 장편소설에 나오는 심경지라는 여성 캐릭터 이야기다.

심경지는 불우한 유생인 아버지에게 어려서부터 학문을 익혀 웬만한 남성 지식인보다 시문을 잘 지었다. 그뿐만 아니라 '고수顧繡'라 불리던 매우 정교하고 아름다운 수를 잘 놓았고, 고운 외모에 남정네 한둘은 너끈히 때려눕힐 수 있을 정도의 무술 실력도 갖춘 여성이었다. 그런데 그녀는 소금 사업으로 큰 부를 축적한 송위부라는 상인에게 속은 아버지 탓에 그의 첩이 될 처지에 놓였다. 결혼 첫날 자신이 속았음을 확인한 심경지는 일말의 주저함도 없이 송위부의 집에서 값나가는 기물을 챙겨 도망쳐 나온다. 고향으로 가면 동네 사람들로부터 자기와 부친 모두 손가락질당할 것이 빤하다고 여긴 그녀는 당시 최고로 번화했던, 남성 중심 사회의 한복판인 남경이란 도시로 간다. 아버지와 남편으로 대변되는 봉건적 질서로부터의 자유를 선택했음이다. 그곳에서 그녀는 일종의 '문학 살롱' 같은 점포를 개장한 후 시문과 고수를 발판 삼아 남경의 문인 명사, 귀부인 등과 교류하며 자유롭게 살고자 한다. 당시는 문인지식인 상당수가 일상적으로 모여 차와 술을 곁들인 채 시문을 주고받으며 교유하던 풍조가 성행했던지라 문학 살롱은 생계의 괜찮은 방편이 될 수 있었다. 물론 현실은 절대 만만하지 않았다. 심경지는 결국 상인의 고소로 자기를 잡으러 온 관원에 의해 송위부의 주소지인 강도현으로 압송된다. 다만 압송되기 직전 그녀의 재주를 아까워한 남경의 한 고위 관리가 마침 강도현의 현령이 자기와 과거 급제 동기였던지라 그에게 그녀의 선처를 부탁하는 서신을 함께 보냈을 따름이다.

자기 운명을 스스로 개척해 가고자 했던 심경지의 기획은 이처럼 중단되었다. 아무래도 실제 현실을 감안한 서사가 아닌가도 싶다. 아무리 남성 중심 질서에 염증을 느끼고 여성 독자층이 두텁게 형성될 정도로 여성의 사회적 비중이 늘었다고 해도, "젊은 여자가 혼자 외지에서, 그것도 혈혈단신으로 시문에 의지해서 생활한다는 건 절대 있을 수 없는"(오경재, 홍상훈 등 역, 『유림외사(하)』, 826쪽) 것이 심경지란 캐릭터가 발원한 곳의 엄연한 현실이었다. 그럼에도 심경지는 아버지에게서 또 남편에게서 벗어나 남성 중심 사회의 중심에서 시문이라는 남성들의 핵심 자산을 이용하여 자기만의 삶을 도모했다. 이때 그녀가 삶의 밑천으로 삼은 것은 남성들의 기호를 자극하는 자신의 미모가 아니었다. "비릉 땅의 여사 심경지는 고수를 잘 놓고 부채에 글을 쓰거나 시에 능합니다"라는 그녀가 내건 광고 문구에서 알 수 있듯이 심경지는 당시 사회의 주류인 남성 지식인의 핵심자산인 시문과 상류층 여성의 사치품인 고수였다. 곧 심경지는 남성 중심 봉건사회의 주요 자산을 역이용, 봉건사회를 벗어나지는 않았지만 가부장적 질서와 무관한, 또는 그것을 가로지르는 삶을 영위하고자 했음이다.

강도현 압송 이후 심경지는 어떻게 되었을까? 그녀의 재주를 아까워한 고위 관리의 부탁대로 그녀는 무사히 고향으로 돌아갔을 수도 있다. 그런가 하면 강도현 관리들이 심경지가 남경으로 도망하기 전부터 송위부의 뇌물에 푹 젖어 있었으니 심경지가 호되게 처벌받았을 수도 있다. 하지만 『유림외사』의 작자는 이후의 일에 대해서 더는 언급하지 않겠다며 심경지 이야기를 마감한다. 열린 결말이라고 할 수 있는 대목이다. 그런데 결말이 어떠했는지는 심경지 이야기에서 그다지 중요한 것이 아닐 수도 있다. 『유림외사』의 한 독자는 『유림외사』에 서술된 대목만 놓고서 "심경지 역시 영웅"이라고 잘라 말했다. 결말과 무관하게 탐욕스러운 상인 송위부로부터 도망쳐 남경에서 자기 삶을 도모했음만으로 심경지를 여성 영웅이라고 칭한 셈이다. 이 독자는 심경지 이야기에서 무엇을 보았던 것일까? 심경지는 신화 속 항아처럼 남편이 지배하는 세상 바깥, 곧 달로 도망쳐 자기만의 세계를 구축했던 것도 아니었다. 그녀는 오히려 남성 중심 사회의 중핵이라고 할 수 있는 남경의 한복판으로 진입한다. 그곳에서 심경지는 시문이라는 남성 중심 주류사회의 핵심 자본을 바탕으로 봉건적 사회질서에 지배받지 않는 삶을 추구했을 따름이다.

그렇다면 과연 심경지 이야기의 어느 대목이 그녀를 영웅답게 표상해 주었던 것일까? 답이 무엇이든 간에 하나는 분명하다. 영웅은 기울어진 운동장에 유리천장이 두텁게 덧씌워진 일상 안에서도 너끈히 구현 가능하다는 점 말이다. 유리천장을 긍정하자는 말이 아니다. 유리천장을 덧씌운 편향된 질서를 가로지르면서, 그것을 희화화하는 경로도 의미 있을 수 있다는 얘기이다.

16장

해체되고 비틀린 영웅
─루쉰이 다시 쓴 백이와 숙제

김민정

백이 숙제 주려 죽던 수양산으로 가오리까

"아이고, 성님! 동상을 나가라고 하니 어느 곳으로 가오리오, 이 엄
동설한에. 어느 곳으로 가면 산단 말이오? 아, 갈 곳이나 일러주오!
지리산으로 가오리까, 백이 숙제 주려 죽던 수양산으로 가오리까?"
이는 「흥보가 기가 막혀」(1995년 강변가요제 금상, 인기상)라는 노래의
첫 소절로, 당시 가요프로그램에서 당대 최고의 아이돌 '서태지와 아
이들'을 몇 번 꺾었을 정도로 선풍적인 인기를 끌었다. 백이 숙제는
이처럼 유행가 가사에도 등장할 정도로 우리에게 친숙한 이름이다.

단종 복위를 꾀하다 처형당한 사육신死六臣 성삼문成三問은 일찍이 명
나라 사신으로 가던 길에 「절의가節義歌」를 지어 백이 숙제보다 더 굳
은 지조와 절개를 지키겠노라 다짐했다. 단종을 폐위시키고 왕위를

찬탈한 세조의 대군 시절 봉호封號 수양대군首陽大君이 바로 그 "백이 숙제 주려 죽던 수양산首陽山"에서 따온 것이라는 사실도 흥미롭다.

백이와 숙제는 누구인가

백이伯夷와 숙제叔齊는 상商의 제후국이었던 고죽국孤竹國의 두 왕자였다. 고죽국의 정확한 위치는 알 수 없지만, 지금의 허베이성河北省 루룽현盧龍縣이 가장 유력한 후보지로 꼽힌다. 중국의 작명 관습에서 백伯(맏이), 중仲(둘째), 숙叔(셋째), 계季(넷째, 막내)는 형제간의 서열을 나타내는 단어로 쓰이므로, 이름에서 백이가 맏아들, 숙제는 셋째 아들임을 알 수 있다. 아버지는 살아생전에 왕위를 첫째가 아닌 셋째 숙제에게 물려주려고 했다. 그런데 아버지가 돌아가신 후 숙제는 왕위를 다시 형에게 넘기려 했고, 백이는 "아버지의 명령이었다"며 피했다.

서로 군왕의 자리를 양보하다 고국을 떠난 그들은 서백西伯 창昌, 즉 주周 문왕文王이 노인을 잘 봉양한다는 소문을 듣고 그에게 의탁하고자 했다. 가서 보니 그는 이미 죽고, 그의 아들 무왕武王이 아버지의 위패를 수레에 싣고 상 주왕紂王을 토벌하려 하고 있었다. 백이, 숙제는 그 소식을 듣고 달려가 주 무왕의 말고삐를 움켜쥐고는 "부친이 돌아가셨는데 장례를 치르지 않고 전쟁을 일으키는 걸 '효'라고 할 수 있습니까? 신하 된 자로서 군주를 시해하려 하는 걸 '인'이라고 할 수 있습니까?"라고 외쳤다. 그러자 무왕 좌우에 있던 시위侍位들이 목을 치려고 해서 하마터면 죽을 뻔했으나, 강태공이 "의인義人이니 놓아주라"고 나선 덕분에 목숨을 부지할 수 있었다.

　그 후 무왕이 상의 어지러움을 평정한 뒤 온 천하가 주 왕실을 종주宗主로 섬겼지만 백이와 숙제는 주나라의 백성이 되는 것을 치욕으로 여기며 "주나라의 곡식을 먹지 않겠다"고 선언하고, 수양산에 들어가 고사리로 연명하다가 굶어 죽었다.

　위 이야기는 『사기』「백이 열전」에 나온다. 『사기』의 저자 사마천은 흉노족과 싸우다 투항한 장수 이릉李陵을 두둔했다가 한 무제의 노여움을 사 궁형을 받았다. 열전의 첫 번째 편인 「백이 열전」이 『사기』 전체의 서문에 비견될 만큼 사마천의 사상을 압축적으로 보여 준다는 사실을 고려하면, 사마천은 백이, 숙제를 통해 자신의 처지를 대변했을 가능성이 크다. 백이, 숙제가 주 무왕의 말고삐를 붙들고 간언하는 모습에는, 옳다고 생각하는 일을 위해서라면 목숨을 잃을 각오로 직언을 올리는 사마천 자신의 모습이 투영되어 있다.

백이와 숙제는 영웅인가

　강태공의 '의인'이라는 평가에 이어, 유가에서는 백이, 숙제를 대체로 긍정적으로 바라보는 듯하다. "백이와 숙제는 어떤 사람이었습니까"라고 묻는 제자 자공에게 공자는 "옛날의 현인이었다"며, "인을 추구하여 인을 얻은 사람들"이라고 평가했다(『논어』「술이述而」). 또한 "자기 뜻을 굽히지 않고 자기 몸을 욕되게 하지 않은 이는 백이와 숙제로다!"라고도 했다(『논어』「미자微子」). 『논어』의 기록들을 종합해 보면, 백이와 숙제는 수양산에 들어가 굶어 죽었으되 자기 뜻을 굽히지 않고, 유가의 핵심 가치 중 하나인 인을 구해 인을 얻은 현인이었다.

맹자는 백이가 "섬길 만한 군주가 아니면 섬기지 않았다"라는 것에 주목했다. 맹자는 백이가 제대로 된 군주가 아니면 섬기지 않고, 부릴 만한 백성이 아니면 부리지 않았기에, 세상이 다스려지면 나아가고, 혼란하면 물러나 은둔했다고 말한다(『맹자』「공손추상公孫丑上」, 「만장하萬章下」). 맹자가 백이를 높이 산 까닭은 그가 "성인 가운데 맑은 자"였기 때문이다.

유가에서는 대체로 백이와 숙제를 긍정적으로 평가했던 반면 도가와 법가 계열에서는 평가가 후하지 않았다. 우선 도가에서는 백이와 숙제가 "명분에만 집착한 채 죽음을 가벼이 여겼고 본성으로 돌아가 수명을 보양하려 하지 않은 자들"(『장자』「잡편雜篇」「도척盜跖」)이며, "백이는 욕심이 없었던 게 아니라 청렴을 지나치게 자랑하다 굶어 죽게 된 것"(『열자列子』제7편「양주楊朱」)이라고 비판했다. 법가의 대표적 사상가 한비자는 백이와 숙제 같은 신하는 "엄한 처벌도 두려워하지 않고 후한 상도 탐하지 않으니 벌을 내려 금지할 수도 없고 상을 내려 부릴 수도 없기에 무익한 신하"라고 평가했다(『한비자』제14편「간겁시신姦劫弒臣」).

백이와 숙제를 논한 수많은 글 가운데 사마천의 「백이 열전」 외에 가장 유명한 글에는 당송팔대가唐宋八大家로 알려진 당대唐代의 문장

16장 루쉰이 다시 쓴 백이와 숙제

가 한유韓愈의 「백이송伯夷頌」을 꼽을 수 있다. 이 글에서는 백이와 숙제를 아무도 이의를 제기하지 않는 상황에서 소신에 따라 간언하고 그것이 받아들여지지 않자 죽음을 택한 "천년에 한 번 나올까 말까 한" 인물로 칭송했다. 그들은 모두가 '네'라고 대답할 때 주위 눈치를 보지 않고 '아니요'라고 할 수 있는 용기, 온 세상이 비난하더라도 신념을 굽히지 않는 굳은 지조와 절개를 지녔다. 이는 특히 유가에서 아주 중요한 덕목으로, 그들이 보여 준 용기와 지조, 절개는 그들을 '영웅'이라 불러도 무색하지 않게 한다.

중국의 문화적 전통에서는 신체적 능력이 뛰어나고 용맹하거나 무예가 출중한 사람뿐만 아니라, 글솜씨가 빼어나거나 문화 발전에 큰 공을 세운 사람, 충효 절의와 같은 유가적 덕목을 체현한 사람 등도 '영웅'의 반열에 오를 수 있었다. 또한 백이, 숙제 이야기는 세상 사람들에게 이해받지 못하는 '고독한 존재'라는 모티프(유가적 전통에서 주무왕은 성인으로 추앙받는 존재이며, 상나라가 멸망한 후 천하가 주나라를 종주국으로 받들었다), 자신의 신념을 실천하기 위해 안락한 환경을 버리고 고생길을 자처하는 '길 떠남'의 모티프(주나라 곡식 먹는 것을 부끄럽게 여기며 수양산으로 들어갔다), 의로움의 실현이나 대의를 위해 목숨을 버리는 모티프(고사리를 캐 먹다가 굶어 죽었다) 등 일반적인 영웅 서사와도 접점을 지닌다.

루쉰의 다시 쓰기

백이와 숙제에 대해서는 시대에 따라 긍정적인 평가와 부정적인 평가가 엇갈렸다. 긍정적인 평가들도 핵심은 미묘하게 다르지만, 백이, 숙제의 가장 대표적인 이미지는 '불사이군^{不事二君}'하는 충절의 아이콘으로서의 이미지가 가장 강렬한 듯하다. 현대중국의 문학가, 사상가, 혁명가이자 교육가였던 루쉰^{魯迅}은 「고사리를 캐다^{采薇}」라는 단편소설에서 앞에서 소개한 「백이 열전」의 기본 줄거리에 촉한^{蜀漢} 초주^{譙周}의 『고사고^{古史考}』, 한대 유향^{劉向}의 『열사전^{列士傳}』 등에 나오는 전설을 덧붙여 새로운 백이, 숙제의 형상을 창조했다.

「고사리를 캐다」는 『외침^{吶喊}』(1923), 『방황^{彷徨}』(1926)에 이은 루쉰의 세 번째 소설집 『고사신편^{故事新編}』(1936)에 실려 있다. '고사신편'이란 '옛이야기를 새로 엮다/다시 쓰다'라는 뜻으로, 루쉰은 중국의 신화와 전설, 역사에서 잘 알려진 이야기를 가져와 새롭게 가공하고 재해석했다. 『고사신편』에는 여와^{女媧}의 천지창조 신화를 차용한 「하늘을 수리하다^{補天}」, 태양을 쏘아 떨어뜨렸다는 전설 속 영웅 예^羿와 서왕모^{西王母}에게 받은 불사약을 훔쳐 먹고 달로 달아났다는 항아^{嫦娥}의 이야기를 다룬 「달로 달아나다^{奔月}」, 치수^{治水}에 성공한 우^禹 임금의 이야기를 다룬 「홍수를 다스리다^{理水}」, 백이와 숙제가 수양산에서 굶어 죽은 이야기를 다룬 「고사리를 캐다」, 미간척^{眉間尺}의 복수에 대한 전설을 다룬 「검을 벼리다^{鑄劍}」, 그리고 각각 노자, 묵자, 장자에 관한 고사에서 차용한 「관문을 나가다^{出關}」, 「전쟁을 막다^{非攻}」, 「죽은 자 살아

16장 루쉰이 다시 쓴 백이와 숙제

나다^{起死}」이렇게 총 8편의 이야기가 수록되어 있다. 「하늘을 수리하다」가 「부주산^{不周山}」이란 제목으로 루쉰의 첫 번째 소설집 『외침』의 맨 마지막에 실렸다가 따로 떨어져 나와 다른 7편의 소설과 한 권의 소설집으로 묶이기까지는 13년의 세월이 걸렸다. 그중 「고사리를 캐다」는 루쉰이 폐병으로 죽기 1년 전쯤인 1935년 12월에 쓴 작품이다.

『고사신편』의 주인공들은 우리에게도 익숙한 중국의 신화·전설·역사 속 영웅과 성현이지만, 루쉰의 펜 끝에서 다시 태어난 그들은 더는 영웅의 초월적 권위와 위대함을 찾아보기 힘들다. 그들은 일상 속의 범부로 전락하여 우스꽝스럽고 무기력하기까지 한 보통사람의 모습을 하고 있다. 또한, 비극적인 운명이나 난처한 상황에서 벗어나지 못하며, 급기야 하찮은 인물들에 의해 운명이 좌우된다.

「고사리를 캐다」 속 백이와 숙제의
참을 수 없는 찌질함

「고사리를 캐다」의 백이와 숙제는 영웅적 이미지와는 사뭇 거리가 멀다. 루쉰은 신랄한 풍자를 통해 백이, 숙제의 영웅 서사를 전복적으로 해체하고 비틀었다. 루쉰의 붓끝에서 탄생한 백이, 숙제는 주나라 양로원에서 주는 밀전병이 갈수록 작아지고, 밀가루가 거칠어지는 것에 신경 쓰며, 여생이나 보내려고 늙어가는 노인네에 불과하다. 상나라 주왕은 물이 찬 것을 아랑곳하지 않고 아침에 강을 건너는 사람의 다리뼈를 잘라 그 골수를 보고, 비간比干 왕자의 심장을 도려내 정말 구멍이 일곱 개 있는지 보았을 정도로 잔악무도했다. 백이와 숙제는 이 사실을 잘 알았지만, "아랫사람이 윗사람을 공격하는 것도 선왕先王의 도에 합당하지 않다"며 주나라 양로원을 떠나기로 한다. 하지만 편안한 노후가 보장된 양로원을 떠나가는 그들의 모습에서 의인의 기개나 비장함은 온데간데없고 근심과 미련만이 가득하다.

백이는 숙제보다 훨씬 더 무능하고 한심한 모습으로 그려지고 있다. 그들의 애초 목적지는 수양산이 아니라 화산華山이었는데, 화산에서 큰 칼과 나무 몽둥이를 든 건장한 장정들을 만나자, 백이는 다만 덜덜 떨 뿐이었고, 그래도 유능한 숙제가 거침없이 앞으로 나아가 그들에게 뭐 하는 사람이며 무슨 일이냐고 물었다. 화산 대왕으로 자처하는 소궁기小窮奇가 이끄는 도적 떼에게 몸수색을 당한 후 놀란 백이와 숙제는 방향을 돌려 수양산으로 들어간다.

오는 길에 얻은 주먹밥을 다 먹은 그들은 다음날부터 "주나라 곡식을 먹지 않는다"라는 원칙을 철저히 지키기로 한다. 이튿날 아침, 배를 곯지 않으려면 당장 먹을 것을 찾아 나서야 했지만, 백이는 허리가 아프고 다리가 쑤셔서 도저히 일어날 수 없다며 숙제만 보낸다. 그러다 숙제가 예전에 보모에게 들은 시골 사람들이 흉년에 고사리를 먹었다는 이야기를 떠올리고 고사리를 캐오자 "백이는 두 움큼을 더 먹었다. 그가 형이기 때문이다." 이는 장유유서로 대표되는 중국의 전통에 대한 루쉰의 깨알 같은 비판을 엿볼 수 있는 대목이다.

항상 형을 먼저 위하는 숙제는 나이가 들어 힘들어하는 백이를 고

　　　　　　　16장 루쉰이 다시 쓴 백이와 숙제

사리 채집에서 열외로 해 준다. 그러자 한가로워진 백이는 산 아래 수양촌 마을 사람들에게 자신들의 신분과 수양산에 들어와 고사리를 먹게 된 연유를 떠벌렸다. 이에 숙제는 급기야 '아버지가 왕위를 형에게 넘겨주려 하지 않았던 것은 확실히 아버지가 사람 보는 눈이 있었기 때문이라 하지 않을 수 없구나'라고 생각하게 된다.

백이의 주책맞은 입방정은 결과적으로 그들을 죽음으로 내모는 원인이 되었다. 소문을 듣고 수양촌에서 제일 지위가 높은 소병군小丙君이란 사람이 그들을 찾아왔다가 집에 돌아가 실망하다 못해 화를 내며 내뱉은 평이 비수가 되어 돌아온 것이다. 소병군 댁에서 일하는 하녀 아금阿金은 백이, 숙제를 만나고 돌아온 주인이 하는 말을 듣고는 그들을 골려 주려고 찾아간다.

"어르신들 식사하세요?" 그녀가 물었다.

숙제가 얼굴을 들고 얼른 웃음을 지으며 고개를 끄덕였다.

"요게 뭔데요?" 그녀가 또 물었다.

"고사리." 백이가 말했다.

"왜 이런 걸 드세요?"

"우리는 주나라 곡식을 먹지 않아서…."

백이가 말을 꺼내자마자 숙제가 얼른 눈짓했지만, 그 여자는 매우 영리한 듯 벌써 알아들은 것 같았다. 그녀는 냉소를 짓더니 이내 의기에 넘쳐 단호하게 말했다.

"'무릇 하늘 아래 왕의 땅 아닌 곳이 없다'했거늘, 당신들이 먹고 있는 고사리는 우리 성상의 것이 아니란 말인가요?"

이 말은 백이와 숙제의 폐부를 찔렀고, 그들은 수치스러움에 더 이상 고사리조차 먹지 못하고 굶어 죽는다.

낡고 희망 없는 중국을 바꿔보려 했던 루쉰에게 있어서 백이와 숙제는 고지식한 원리원칙주의자이자 시대착오적 늙은이로, 구시대와 함께 사라져야 할 유물일 뿐이었다. 하지만 그들을 바라보는 루쉰의 시선에는 일말의 연민이 느껴진다. 「고사리를 캐다」의 백이와 숙제는 '라떼 찾는 꼰대', "온통 모순투성이"의 찌질한 위선자이긴 하지만, 하녀의 말에 충격을 받아 굶어 죽은 것을 보면 양심까지 버린 표리부동한 사람들은 아니었던 것 같으니 말이다. 루쉰이 진정으로 비판의 칼끝을 들이댄 것은 작품 속 주변 인물들로 보인다.

루쉰의 예봉이 향한 곳

화산 대왕 소궁기는 강도질을 업으로 삼으면서 성인군자와 같은 말투를 쓴다. 돈을 내놓으라고 협박할 때는 "어르신들께 통행세를 좀 내려 주십사 청하려고 형제들을 데려왔습죠."라고 말하고, 백이와 숙제가 양로원에서 나오는 길이라는 말에는 한술 더 떠 숙연하게 절까지 하며 "소인들도 선왕의 유지를 따라 어른들을 공경합지요. 그래서 선생들께서 기념품을 좀 남겨 주십사 합니다만…"이라고 한다. 강제

16장 루쉰이 다시 쓴 백이와 숙제

로 몸수색을 할 때는 이렇게 말한다. "소인들이 삼가 하늘의 명을 받은 수색을 하기 위해, 어르신들 옥체를 잠시 살펴볼 수밖에 없겠습니다!" 루쉰은 문단의 논쟁에 개입한 이후로 이런 '깡패'에 관한 글을 여러 편 발표했다.

수양촌에서 제일 지위가 높은 소병군은 원래 상 주왕의 애첩인 달기妲己 외숙부의 수양딸 남편으로, 좨주祭酒를 맡고 있다가 "하늘이 정한 운명대로 귀결되었음을 알고 수레 50대와 노비 800여 명을 이끌고 새로운 군주" 즉, 주 무왕에게 투신한 자였다. 자신은 형세에 따라 입장을 달리하며 안면을 바꾸는 소인배 주제에 백이, 숙제를 가리켜 시를 논할 자격이 없네 운운하며 비난한 것이다. 백이와 숙제의 죽음을 안타깝게 여긴 사람들이 그를 찾아와 비문을 써달라고 하는데도, "그들은 내가 비문을 써 줄 정도의 인물이 되지 못한다"며 거절한다. "둘 다 정신 나간 놈들이야. 양로원으로 도망친 건 좋다고 쳐. 하지만 초연하려고 하지 않았네. 수양산으로 도망친 것도 좋다고 쳐. 그런데 시를 지으려고 했네. 시를 짓는 것도 좋다 이거야. 그런데 불만이나 터뜨리고, 자기 분수를 지키며 '예술을 위한 예술'을 하려고도 하지 않았네. (…) 설사 문학에 관한 것을 논외로 한다 해도, 조상의 유업을 팽개쳤으니 무슨 효자라고 할 수도 없고, 이곳에 와서는 조정을 비방했으니 양민은 더더욱 아닐세!"

소병군의 하녀 아금은 백이와 숙제를 죽음으로 몰고 가고, 그들이 죽은 후에도 낭설을 퍼뜨린다. 그녀는 자신이 그들이 죽기 며칠 전에 산에 올라가 놀려 주었는데, 바보들이 화를 잘 낸다고, 화가 나서

끼니를 끊고 억지를 부리다가 결국은 자살하고 만 거라고 소문을 냈다. 백이, 숙제가 죽은 후에 그 원인을 두고 수양촌 사람들 사이에 의견이 분분한 가운데 누군가가 아금을 탓하자, 그녀는 또 백이, 숙제의 죽음은 자신의 책임이 아니라며, 마음씨 좋은 하느님이 그들을 불쌍히 여겨 암사슴에게 명하여 젖을 먹이도록 하셨는데, 사슴 젖을 먹는 것으로는 성에 차지 않았던 숙제가 속으로 사슴을 잡아먹으려는 생각을 품어서 사슴이 도망가 굶어 죽게 되었다고 말한다. 그들이 굶어 죽은 건 순전히 자신들의 탐욕 때문이라는 것이다.

「아Q정전」을 비롯한 루쉰 작품에는 이기적이고 우매하며 경박한 '구경꾼' 형상이 반복적으로 등장한다. 이 형상의 원형은 루쉰의 센다이 의대 재학 시절 일화로 유명한 '환등기 사건'으로 거슬러 올라간다. 당시는 러일전쟁이 한창으로, 수업시간에 애국심을 고취하는 슬라이드를 종종 보여 주었다. 루쉰은 러시아군의 스파이로 몰려 일본군에게 처형당하는 중국인을 같은 중국인들이 무표정하게 둘러싸고 구경하는 모습을 보고 충격을 받는다. 그는 건장한 신체보다 정신 개조가 더 급선무라고 여기며 의학 공부를 접고 문학으로 전향한다. 이러한 구경꾼 형상은 「고사리를 캐다」에도 등장한다. 백이와 숙제에 대한 소문을 듣고 수양산으로 구경꾼들이 몰려드는데, "어떤 사람은 그들을 유명인으로 생각했고, 어떤 사람은 그들을 괴물 취급했으며, 어떤 사람은 그들을 골동품으로 대했다. 심할 때는 뒤를 따라와 그들이 고사리 캐는 것을 구경하는가 하면, 빙 에워싸고는 어떻게 먹는지를 구경하기도 했다." 백이와 숙제가 동굴에서 죽었다는 소문이 퍼지자, 구경꾼들은 한바탕 떠들썩해진다. 그러다 아금에게 그들이 식탐을 부리다 굶어 죽었다는 말을 듣고는 어깨가 적잖이 가벼워짐을 느낀다.

　루쉰이 현실 속에서 비판하고 풍자하고자 했던 대상은 찌질하고 몰락한 영웅이었다기보다는 그들을 막다른 길로 내모는 위선적 지식인과 노예근성에 젖은 우매한 민중이었다. 루쉰은 「악마파 시의 힘 摩羅詩力說」(1907)에서 "이제 중국에서 찾아보아, 정신계의 전사라고 할 만한 사람은 어디에 있는가? 지극히 진실한 소리를 내어 우리를 훌륭하고 강건한 데로 이끌 사람이 있는가? 따스하고 훈훈한 소리를 내어 황폐하고 차가운 데서 우리를 구원해 낼 사람이 있는가?"라고 물었다. 이러한 질문을 던진 이래, 그는 국가 존망의 기로 앞에서 중국을 구제할 '영웅'의 존재를 추구하고 회의하기를 반복하면서, 현실 정치와 문단 권력을 상대로 평생에 걸쳐 외로운 싸움을 지속해 나갔다. 1936년 10월 루쉰이 폐병으로 죽기 1~2년 전에 집중적으로 창작된 『고사신편』에 이르러서는 그가 등장하기를 고대했던 영웅의 모습은 무자비하게 해체되었다. 하지만 그의 치열했던 삶과 투쟁적 글쓰기는 시공을 뛰어넘어 많은 이들에게 울림을 주며, 그 자신이 현대 중국의 정신적 '영웅'으로 추앙받기 충분하다.

청소년을 위한 고전 매트릭스

영웅의 탄생

1판 1쇄 발행 2022년 11월 15일

지은이 서울대 인문학연구원 고전매트릭스연구단
발행처 도서출판 혜화동
발행인 혜화동
편집 권지영
주소 경기도 고양시 일산동구 위시티3로 111, 202-2504
등록 2017년 8월 16일 (제2017-000158호)
전화 070-8728-7484
팩스 031-624-5386
전자우편 hyehwadong79@naver.com

ISBN 979-11-90049-30-6 (44100)
ISBN 979-11-90049-29-0 (세트)

* 책값은 뒤표지에 있습니다.
* 잘못된 책은 바꾸어 드립니다.

※ 이 책은 2019년 대한민국 교육부와 한국연구재단의 지원을 받아 수행된 연구임
  (NRF-2019S1A 5C2A04080968)